Sekundarstufe

Eckhard Berger

Große Kunst-Geschichte

1 Prähistorische Kunst bis Barock

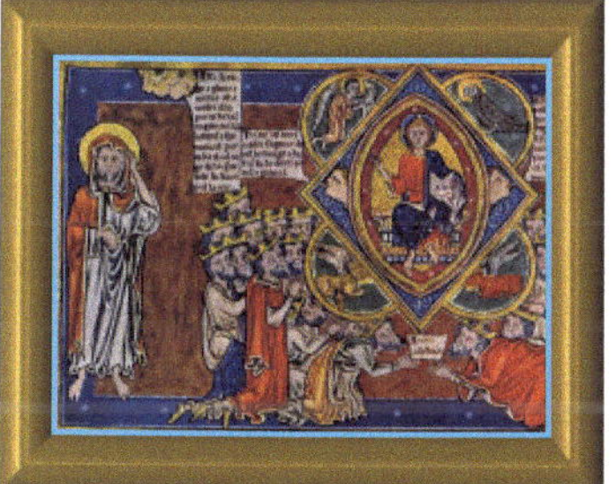
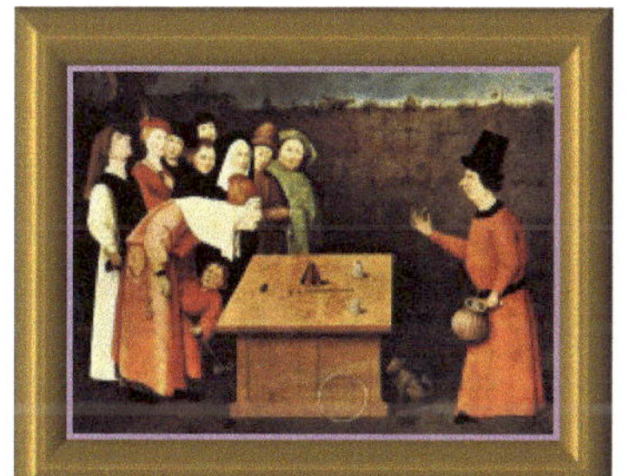
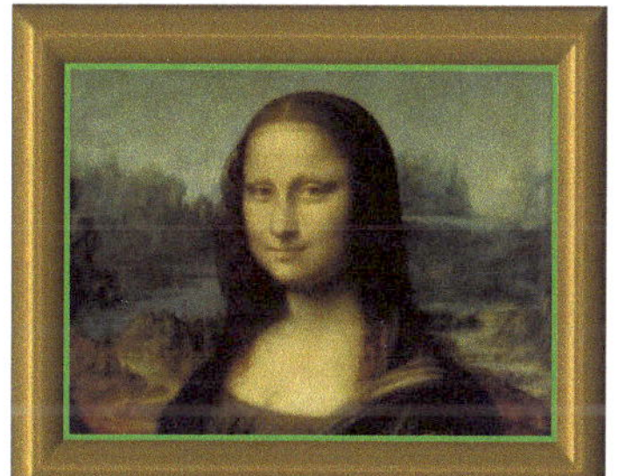
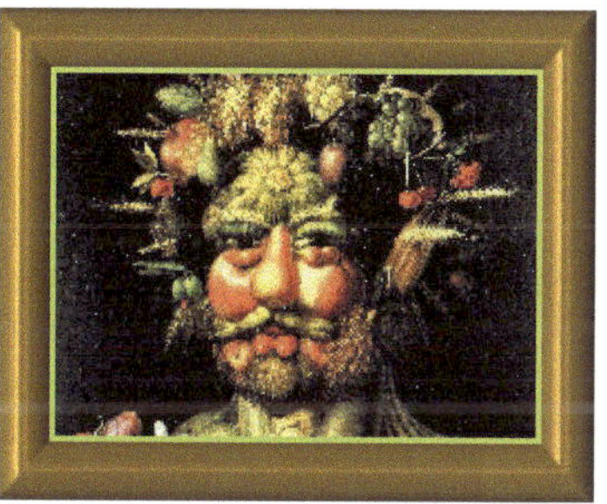
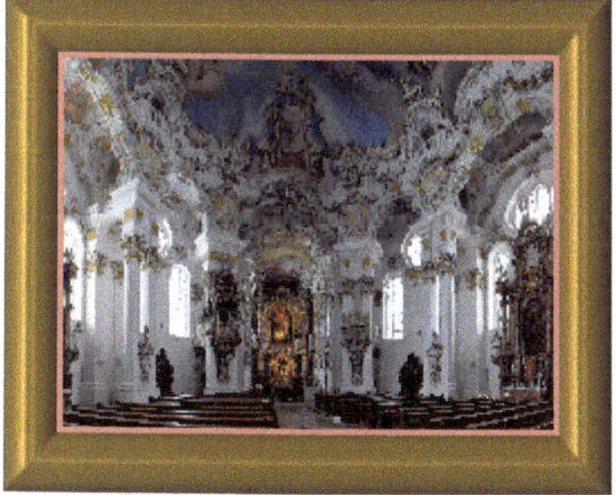
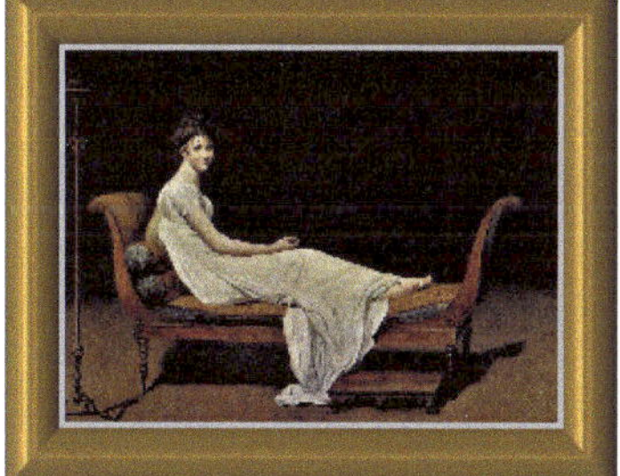
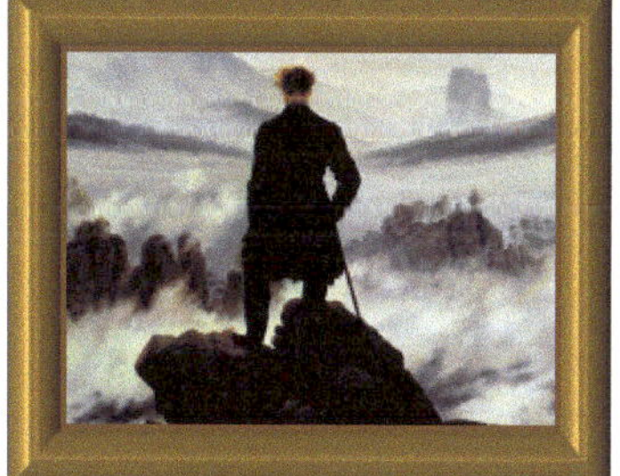
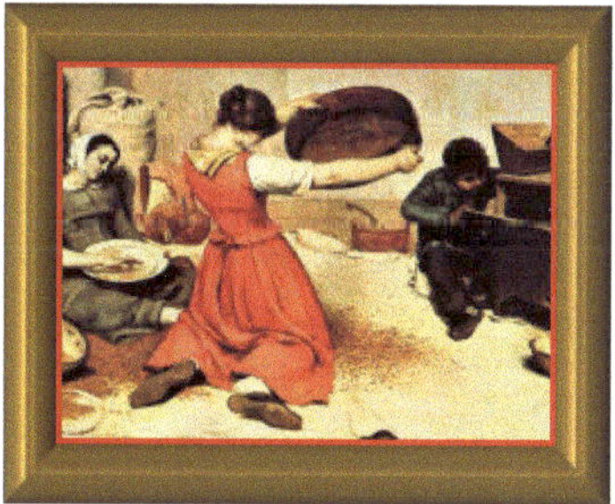
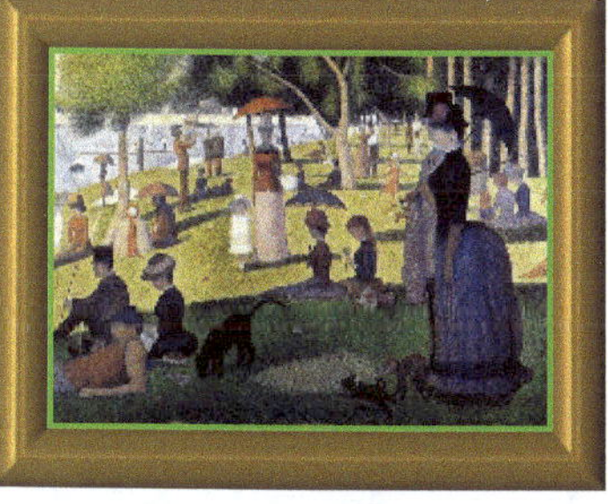
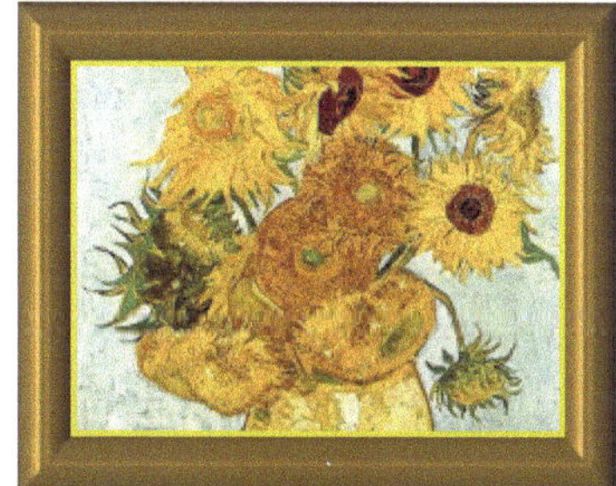
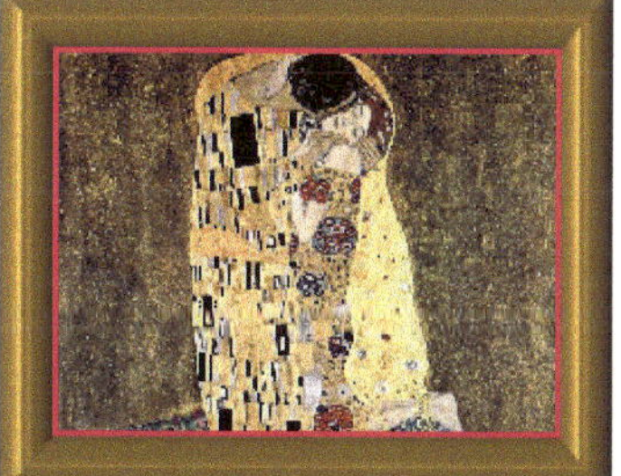
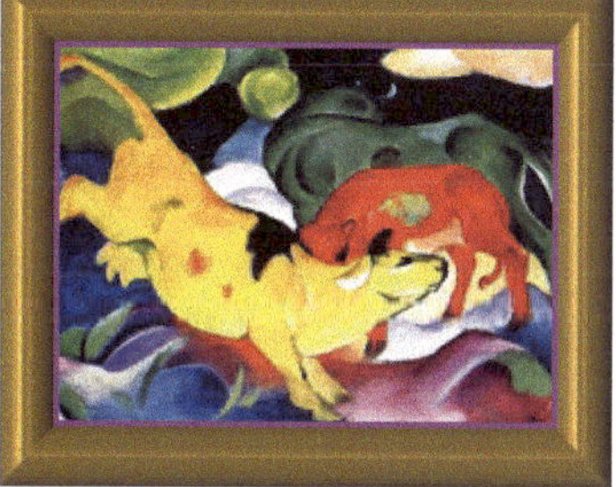

Epochen • Künstler • Stile
Meisterwerke • Sachtexte
Analysen • Aufgaben • Tipps

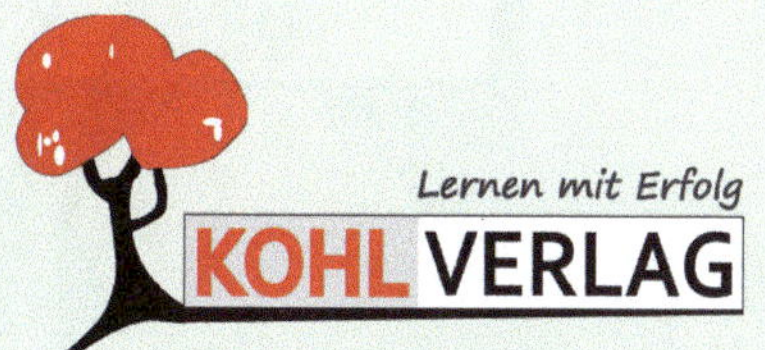

Große Kunstgeschichte

Band 1: Prähistorische Kunst bis Barock

6. Auflage 2026

Idee & Texte: Eckhard Berger
Coverabbildung: © Jumpee to do - AdobeStock.com
Zeichnungen: © Barbara & Eckhard Berger
Fotos: Archiv teamberger, Adrian Berger, Barbara Berger, fotolia.com
Redaktion: Kohl-Verlag
Grafik & Satz: Kohl-Verlag
Druck: Elanders Druck, Waiblingen

Bestell-Nr. 12 406

ISBN: 978-3-96624-279-0

Bildquellen (alle AdobeStock.com):

Seite 7: sv_production; Seite 9: bobdu11, THIERRY; Seiten 10,12: Todor Rusinov; Seite 13: hecke71; Seite 15: www.gg24.de; Seite 16: boscorelli; Seite 19: 300dpi; Seite 21: Denis Topal, curto; Seite 23: anczika; Seite 26: essential image; Seite 32: LALSSTOCK, EleSi; Seite 37: zwehren, H M F; Seite 43: Luciano Mortula-LGM, AlessandroDellaTorra; Seite 44: Franz Gerhard; Seite 46: Madame_Caras, fotograupner, Franz Gerhard; Seite 49: Frank Krautschick, Chris, rudiernst; Seite 56: Aneta Ribarska, lamio; Seite 58: Michelangelo Artwork; Seite 63: Gerald Villena, tostphoto; Seite 64: siraphol, Elena Belyaeva, christiane 65; Seite 69: scaliger, Silvio, EKH-Pictures; Seite 71: leehiggi, Vladimir Kolesnikov

Kontakt: Kohl-Verlag, An der Brennerei 37-45, 50170 Kerpen
Tel: +49 2275 331610, Mail: info@kohlverlag.de

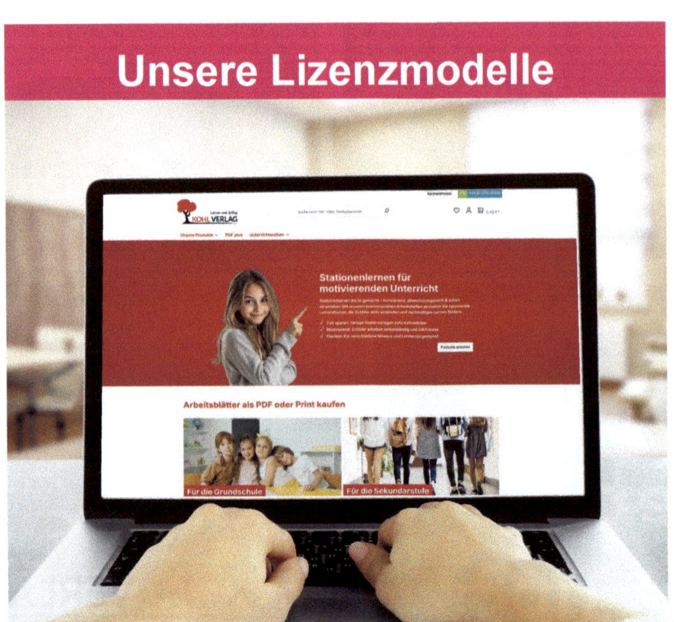

Der vorliegende Band ist eine Print-Einzellizenz

Sie wollen unsere Kopiervorlagen auch digital nutzen? Kein Problem – fast das gesamte KOHL-Sortiment ist auch sofort als PDF-Download erhältlich! Wir haben verschiedene Lizenzmodelle zur Auswahl:

	Print-Version	PDF-Einzellizenz	PDF-Schullizenz	Kombipaket Print & PDF-Einzellizenz	Kombipaket Print & PDF-Schullizenz
Unbefristete Nutzung der Materialien	x	x	x	x	x
Vervielfältigung, Weitergabe und Einsatz der Materialien im eigenen Unterricht	x	x	x	x	x
Nutzung der Materialien durch alle Lehrkräfte des Kollegiums an der lizensierten Schule			x		x
Einstellen des Materials im Intranet oder Schulserver der Institution			x		x

Die erweiterten Lizenzmodelle zu diesem Titel sind jederzeit im Online-Shop unter www.kohlverlag.de erhältlich.

INHALT

GROSSE KUNSTGESCHICHTE
Band 1: Prähistorische Kunst bis Barock – Bestell-Nr. 12 406
KOHL VERLAG

INHALT

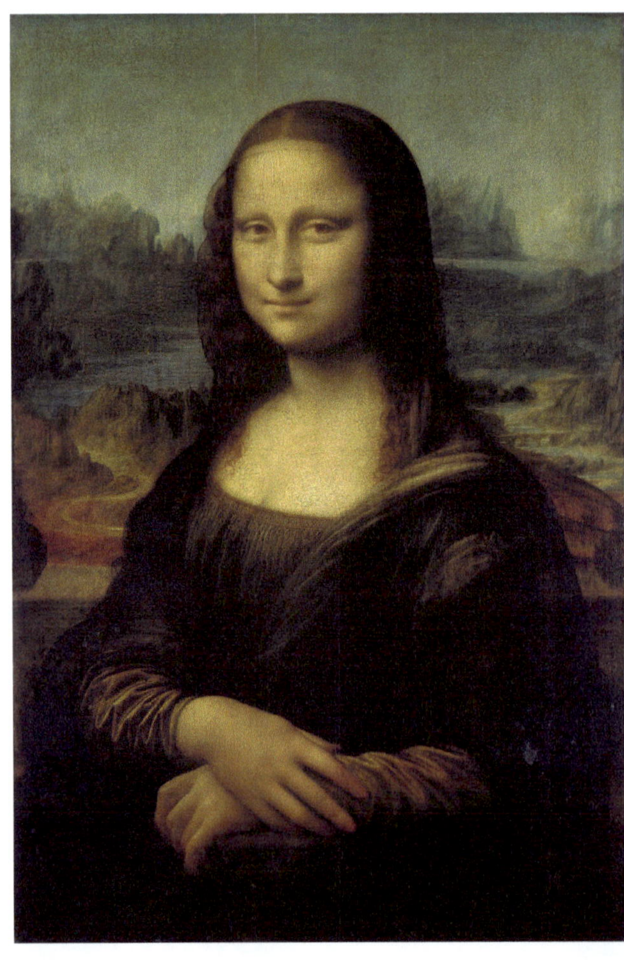

Leonardo da Vinci **Mona Lisa** 1503-1505

VORWORT

Große Kunstgeschichte ist mit dem Band 1 und 2 als ein Standardwerk für die Sekundarstufe 1 und 2 nach einem innovativen und effektiven Konzept entwickelt worden. Es ist ein grundlegendes kunstgeschichtliches Lehr- und Lernwerk für den modernen Kunstunterricht, fächerübergreifenden Unterricht, die Arbeitsgemeinschaften, Kurse und Projekte gemäß der verpflichtenden Bildungsvorgaben und Standards und für die Weiterbildung in der Freizeit.

Große Kunstgeschichte ist chronologisch aufgebaut und erklärt eindrucksvoll und verständlich alle relevanten Epochen und Stile und ihren Kontext zueinander. Ein Zeitraum der etwa letzten 40.000 Jahre, von der prähistorischen Kunst bis zur Moderne, mit den Schwerpunkten Malerei, Grafik und Plastik unter Einbeziehung von Architektur und Design, den bedeutendsten Künstlern, herausragendsten und einzigartigen Schlüsselmeisterwerken, besonderen Stilmitteln und geschichtlichen Hintergründen wird dargestellt. Beide Bände sind prächtig ausgestattet und enthalten prägnante Sachtexte, ausgewählte Werksabbildungen und Fotos, sehr lernstarke Erarbeitungsfragen und kreative Grund- und Erweiterungsaufgaben. **Band 1** umfasst die Zeit von der **prähistorischen Kunst** bis zum **Barock** und **Band 2** die Zeit vom **Rokoko** bis zur **Moderne** mit Kunstrichtungen der Neuzeit und Gegenwart.

Exkurs: **Große Kunstgeschichte** *hilft erfolgreich, Kunst und ihre Geschichte, Künstler, Kunstwerke, die Zeit und damit zusammenhängende Botschaften, Überzeugungen und Gefühle zu verstehen, und gibt Antworten.*
Was ist Kunst? Wie entsteht sie? Was macht sie so einzigartig? Welche Aufgaben hat sie? Warum ist sie für Menschen und die Gesellschaft so wichtig? Warum bildet sie Epochen und Stile und entwickelt sich ständig weiter? ...
Kunst spiegelt immer die Zeit wieder, in der sie entstanden ist, und setzt sich mit ihr auseinander. Sie zeigt, wie Menschen sich und andere wahrnehmen, und ist im gesellschaftlichen Zusammenhang zu sehen. Der Grund für neue Kunstrichtungen liegt meist darin, dass avantgardistische Künstler Traditionen und Regeln kritisieren und aufheben, wie es die Realisten, Romantiker und Expressionisten machten. Die Pop Art reagierte in den 1960er Jahren ablehnend auf die vorhergehende Kunst, den Abstrakten Expressionismus.
Jede Zeit in der Geschichte bringt für Jahre, Jahrzehnte oder länger eine oder manchmal auch mehrere sich überschneidende Kunstentwicklungen, Stile, Methoden, Vorgehensweisen und Themen hervor. Einige Kunstentwicklungen erhielten erst später ihren Namen, zum Beispiel die Renaissance. Manche hatten nicht einen, sondern mehrere Namen, zum Beispiel der Jugendstil und die Art Nouveau. Auch wurde aus einem Beschimpfungsbegriff ein Name. Ein eindringliches Beispiel liefert der Impressionismus.
In der Gegenwart gibt es mehr Kunstrichtungen und Künstler als in irgendeiner Zeit der Vergangenheit. Viele Kunstrichtungen sind kurzlebig. Sie sind auch eine Reaktion auf schneller kommende wirtschaftliche, gesellschaftliche und politische Zustände, Ereignisse und Entwicklungen.

VORWORT

Große Kunstgeschichte ist übersichtlich nach folgendem Muster aufgebaut: Jede Kunstepoche wird mit einem prägnanten Sachtext, Abbildungen, Fotos und Lernkontrollaufgaben vorgestellt. Ein beispielhaftes berühmtes Schlüssel- oder Hauptkunstwerk wird im Kontext zur Epoche gezeigt. Auf einer Galerieseite stehen mehrere Epochenwerke zur Betrachtung, Analyse und Auseinandersetzung zu Verfügung. Abschließend werden mehrere Grund- und Erweiterungsaufgaben für die Praxis angeboten.
Eindeutige Zeichen geben schnell nützliche Orientierungshilfen.

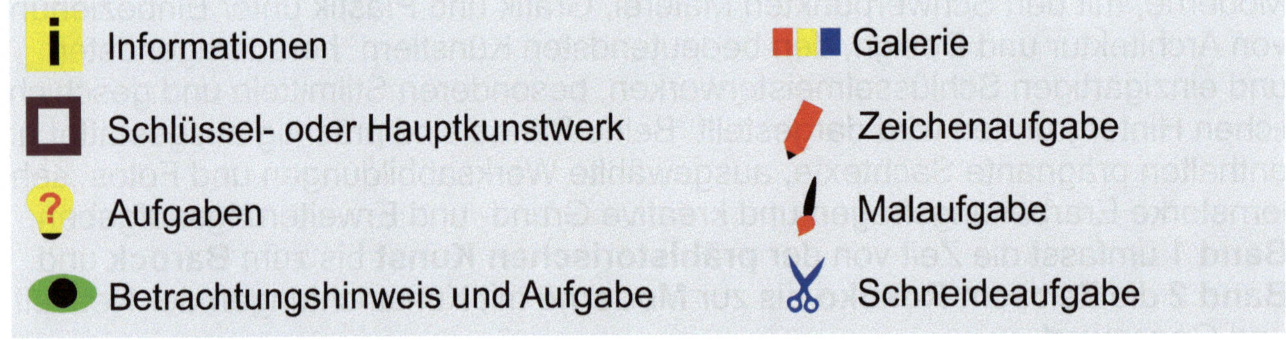

Jede Epoche lässt sich als kurze oder erweiterte Unterrichtseinheit einzeln oder aufbauend im Zusammenhang mit weiteren Epochen durchnehmen. Eine Verknüpfung mit Einheiten anderer Kunstbereiche oder Fächer ist möglich.

Neben den Farbstiften, Filz-, Faser- und Buntstiften, kommen weitere Mittel und Materialien zum Einsatz. Dazu gehören Pinsel, Tuschfarben und der Zeichenblock.

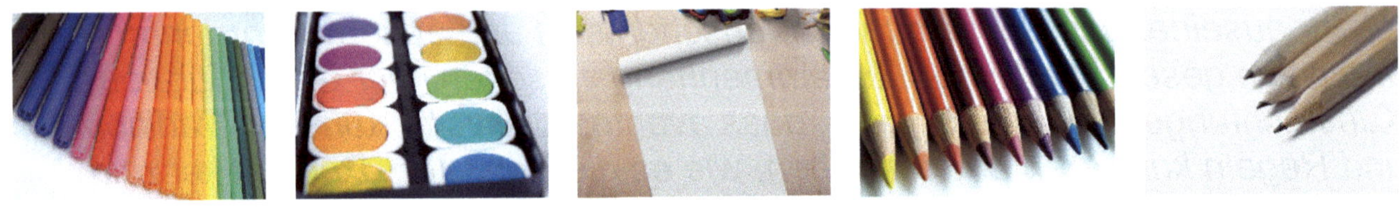

Viel Freude und Erfolg wünschen bei dem Einsatz des Lehr- und Lernbuches **Große Kunstgeschichte** allen Lehrkräften, Schülerinnen und Schülern der

Kohl-Verlag und ***Eckhard Berger***

Weitere Informationen: ***www.kohlverlag.de*** und ***www.teamberger.de***

Prähistorische Kunst

vor um 38.000 bis vor 13.000 Jahren

i Der älteste und mit 2 Millionen Jahren längste Abschnitt in der Geschichte der Menschen ist die **Steinzeit**, die sich in **Alt-, Mittel- und Jungsteinzeit** untergliedert. Der Namengeber waren die Werkzeuge und Geräte aus Stein, zum Beispiel der Faustkeil, Schaber und die Spitze von Pfeilen und Speeren.

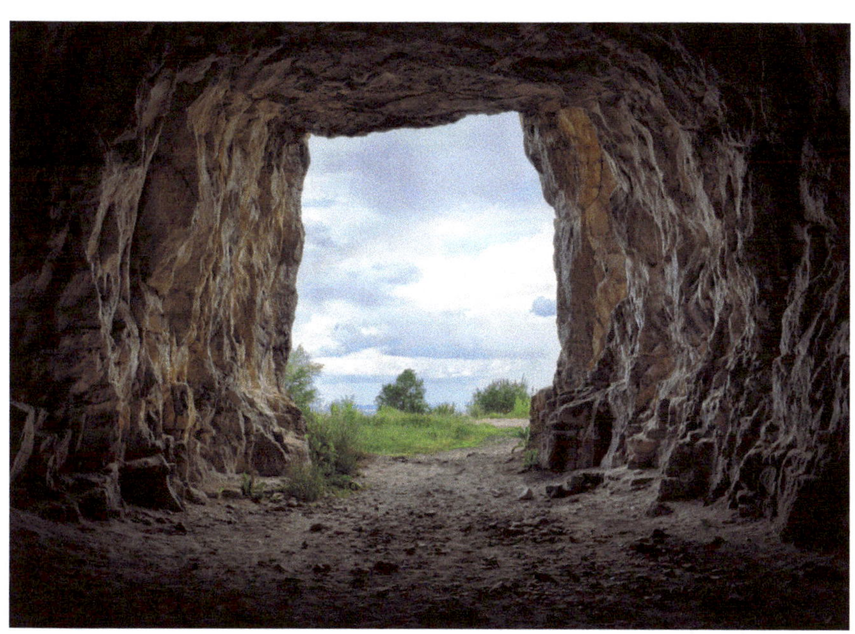

Die Menschen lebten in nicht sesshaften Gemeinschaften, waren mit Fellen und Häuten bekleidet und wohnten in Kuhlen, unter Felsüberhängen, in Hütten, Zelten und in Höhlen (Foto).
Sie waren Jäger und Sammler. Durch die Jagd entwickelten sie eine starke Bindung zu der Natur, den Jagdtieren und und den von ihnen erdachten Geistern.
Totemismus, Schamanismus und viele Rituale entwickelten die Menschen. Die Glaubensrichtungen waren vielfältig. Beispielsweise wurde weitverbreitet geglaubt, die Tiere wären gleichberechtigte Lebewesen, seien Schutzherren des eigenen Lebensraumes oder wären mit der eigenen Gemeinschaft eng verbundene Ahnengeister.
Alles nahm Einfluss auf die Kunstausübung, deren Belege sich sehr lange zurückdatieren lassen. Die bekanntesten Formen der Kunst, Kleinskulptur und Höhlen- beziehungsweise Felsmalerei, wurden vor um 40.000 bis vor 15.000 Jahren geschaffen. Sie zeigen Hirsche, Rehe, Mammuts, Wildpferde, Wisente oder Auerochsen, aber selten Menschen.
In den sockellosen Kleinskulpturen aus Stein wurden mit übergroßen Brüsten und Bäuchen Frauen dargestellt. Sie waren Inbegriff für Fortpflanzung und hatten eine besondere Bedeutung als sozialer Mittelpunkt. Das berühmteste Beispiel ist die in Österreich gefundene 11 cm hohe Statuette **Venus von Willendorf**. Sie wurde in dem Zeitraum zwischen 28000 und 23000 vor Chr. hergestellt.
Um in dunklen Höhlen malen zu können, wurde als Lichtquelle ein mit Fett gefülltes Gefäß benutzt, in das ein Docht gehängt wurde. Der Zweck der Bilder war Dekoration, Verehrung der Tiere und besonders Beschwörung des Jagderfolgs. Diejenigen, die sie schufen, waren hoch angesehen. Sie benutzten die Kohle von Hölzern und Knochen für Schwarz und zerriebene tonhaltige Erde und Steine für Braun und Rot mit beigemischtem Kalk, Wasser und gelegentlich auch Blut.
In Europa sind um 350 Fundorte von Fels- oder Höhlenmalerei bekannt.
Die meisten liegen in Frankreich und Spanien. Der älteste ist in Frankreich die **Höhle von Chauvet**. Sie wurde 1994 entdeckt, ist 490 m lang, hat Seitentunnel und zeigt Tiere, Symbole und einen Tiermensch von 30000 v. Chr.

KOHL VERLAG GROSSE KUNSTGESCHICHTE Band 1: Prähistorische Kunst bis Barock - Bestell-Nr. 12 406

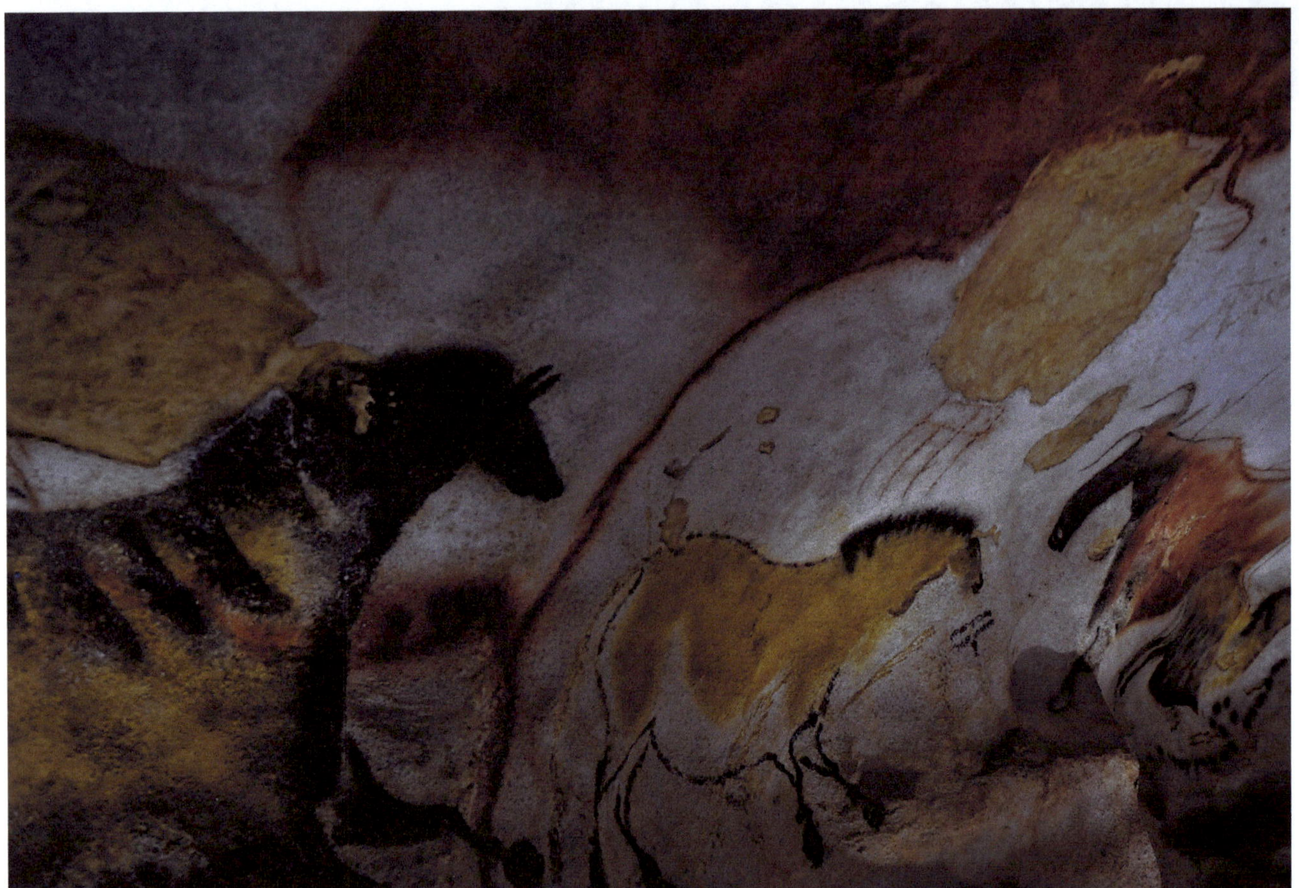

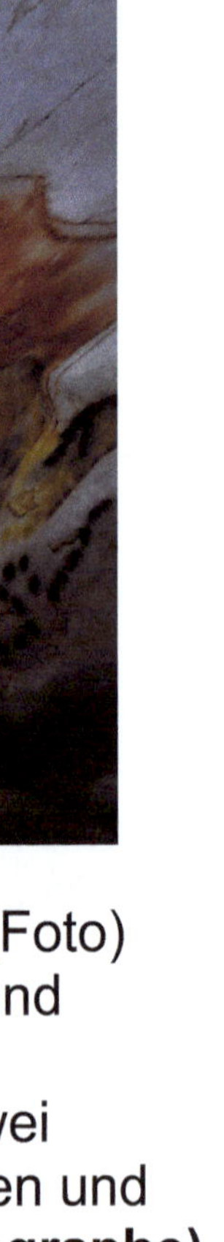

Als bekanntester Ort gilt der Höhlenkomplex bei **Lascaux** in Frankreich (Foto) mit der **Großen Stierhalle** mit Hunderten von Tieren, Speeren, Lanzen und fallenähnlichen Strichkomplexen.
In der Mittelsteinzeit trat die Felsbildkunst in den Vordergrund. Es gab zwei Techniken. Die **Felsgravuren (Petroglyphen)** wurden mit Hammersteinen und Steinmessern geritzt, gekratzt und gehämmert. **Felszeichnungen (Piktographe)** wurden mit bloßen Händen, Schwanzhaaren von Tieren und Blasröhrchen und Farben aus Wasser, Fett, Blut und Ton- und Mineralerden gefertigt. Die Farben waren entweder trocken wie Kreide oder feucht und somit streichfähig. Bevorzugte Töne waren Gelb, Orange, Braun, Blau und Grün.
Weniger Tiere, sondern mehr Menschen wurden als Motiv gewählt. Es wurden Jagd-, Kampf- und Tötungsszenen gezeigt.
In der Jungsteinzeit wurden bei der Felsbildkunst Darstellungen von Wagen und Sonnenrädern als magische Kulte neben Waffen, Tieren und Menschen besonders hervorgehoben.

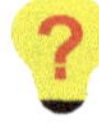

- Nenne Motive, Techniken und Materialien in der Höhlen- und Felsbildkunst.
- Zähle Namen von bekannten Höhlen mit prähistorischer Kunst auf.
- Welche Kunstform trat in der Mittelsteinzeit hervor?
- Erkläre den Unterschied zwischen Felsgravuren und Felszeichnungen und nenne ihre Fachbegriffe.
- Welche weitere Kunstform gab es?
- Welcher Kunstform ist das Werk **Venus von Willendorf** zuzuordnen?

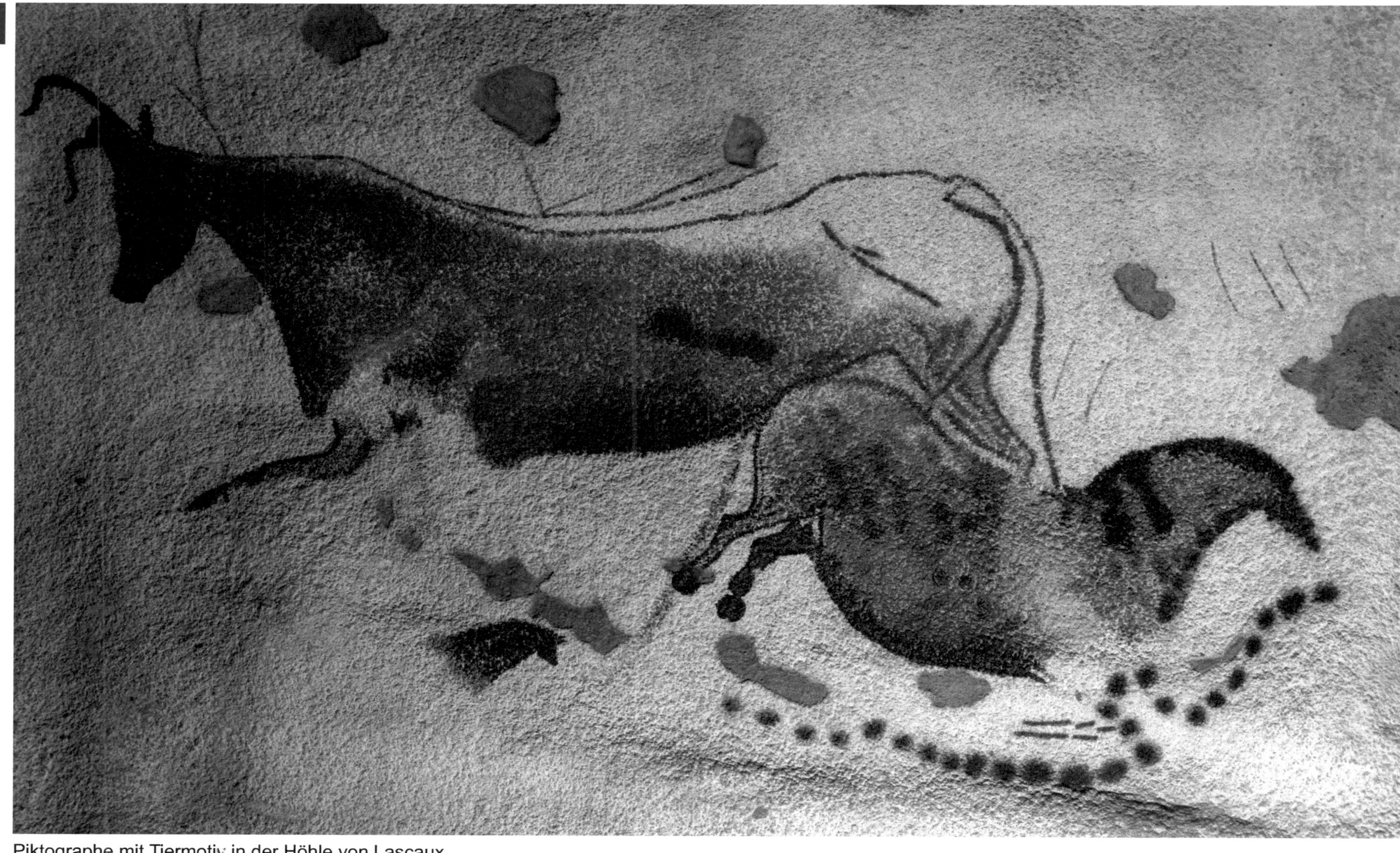
Piktographe mit Tiermotiv in der Höhle von Lascaux

Male das Motiv mit einem Hintergrund in deinem Stil mit Tuschfarben auf einem Zeichenblockblatt nach.

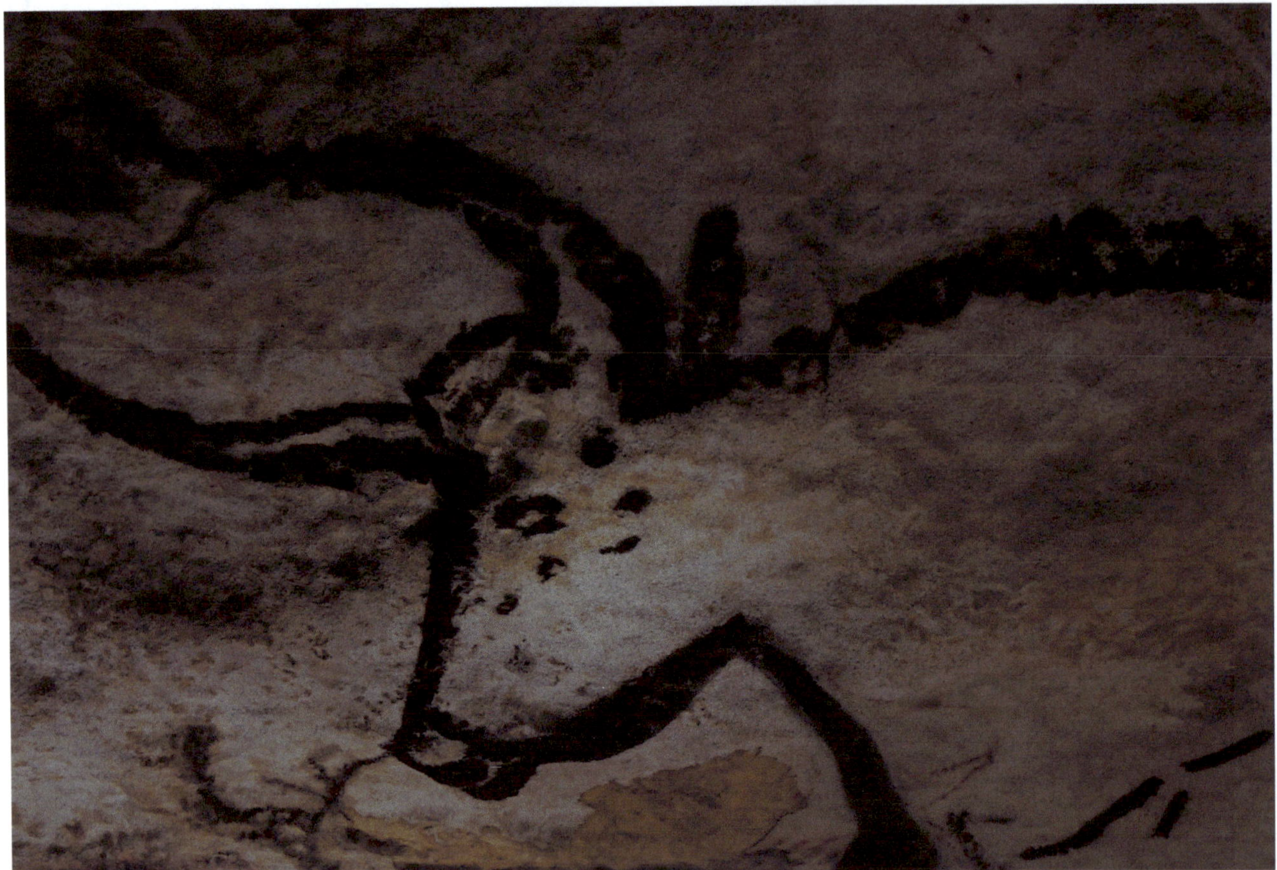

Tiermotiv in der Höhle von Lascaux

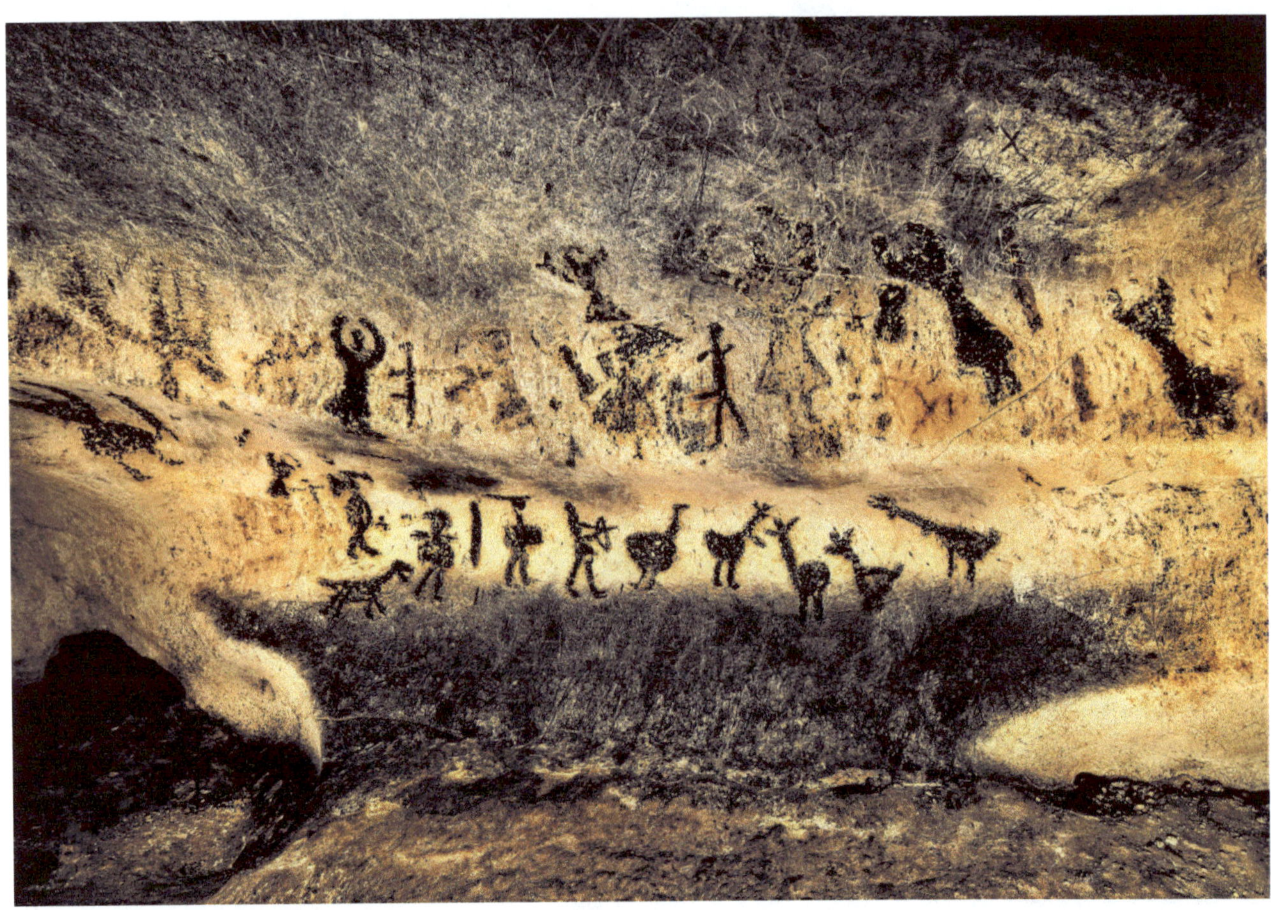

Motiv mit Menschen und Tieren, Felsmalerei

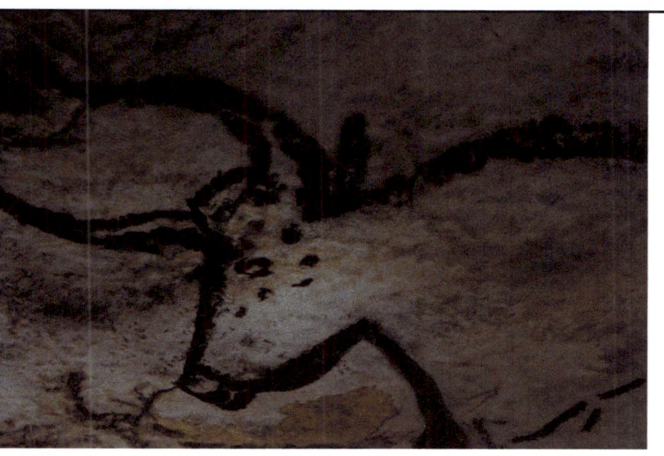

- Male mit dem Pinsel einen Hintergrund aus einem selbst hergestellten hellen Erd- oder Mineralgemisch.
- Zeichne mit dunkler Kreide oder einem dunklen Farbstift das Tier aus der Höhle von Lascaux im vorgegebenen Stil weiter. Ergänze mehr Tiere.

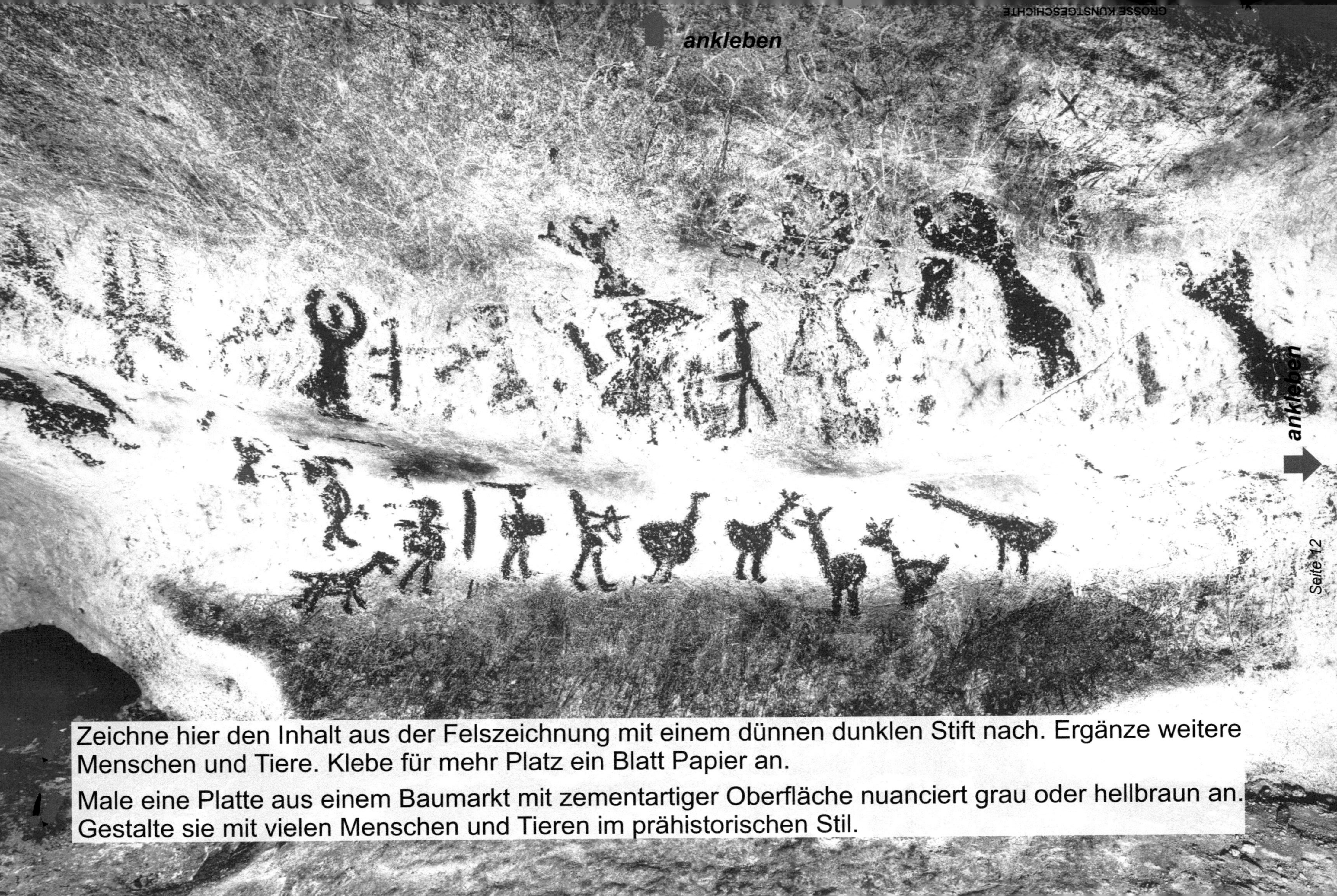

Zeichne hier den Inhalt aus der Felszeichnung mit einem dünnen dunklen Stift nach. Ergänze weitere Menschen und Tiere. Klebe für mehr Platz ein Blatt Papier an.

Male eine Platte aus einem Baumarkt mit zementartiger Oberfläche nuanciert grau oder hellbraun an. Gestalte sie mit vielen Menschen und Tieren im prähistorischen Stil.

Ägyptische Kunst

um 3000 bis 30 v. Chr.

Das alte Ägypten im Norden Afrikas am Mittelmeer bestand über 3.000 Jahre lang und endete mit dem Tod der bekannten Königin **Kleopatra**.
Seine Kunst und Kultur dauerte von um 3000 bis 30 v. Chr. Dabei ist der Zeitraum in Phasen zu unterscheiden: Das **Alte Reich** von 2620 bis 2100 v. Chr., das Mittlere Reich von 2040 bis 1650 v. Chr., das **Neue Reich** zwischen 1551 bis 1070 v. Chr. und die **Spätzeit/Griechisch-römische Zeit** ab 711 v. Chr.
Die Erfindung der Schrift, das organisierte Staatssystem, das feste Schichtensystem der Gesellschaft, die Religiosität der Bevölkerung und die Macht der Priester waren Voraussetzungen für die Entwicklung von Kunst und Kultur.
Ein langer Fluss, der **Nil**, führte mitten durch das Land und machte es fruchtbar.
Herrscher waren immer die Pharaonen. Sie übten die weltliche und geistliche Macht aus und wurden von den Untertanen verehrt und wie Götter behandelt.
Die Ägypter glaubten fest an ein Leben nach dem Tod, an die Unvergänglichkeit des Körpers und der Seele. Der Körper des Verstorbenen musste allerdings für seine Erhaltung einbalsamiert werden. Die Bestattung war zum Schutz vor Dieben unterirdisch in einem Grab oder einer Grabkammer. Hier wurden auch einige Dinge des täglichen Lebens beigegeben, zum Beispiel Nahrungsmittel, Möbel, Schmuck, Waffen und Spiele. Die Wände der Kammern wurden mit Malereien und Inschriften verziert.
Begräbnis- und Totenkult und Verehrung der Götter und Pharaonen waren untrennbar und standen im Zusammenhang mit der Kunst.

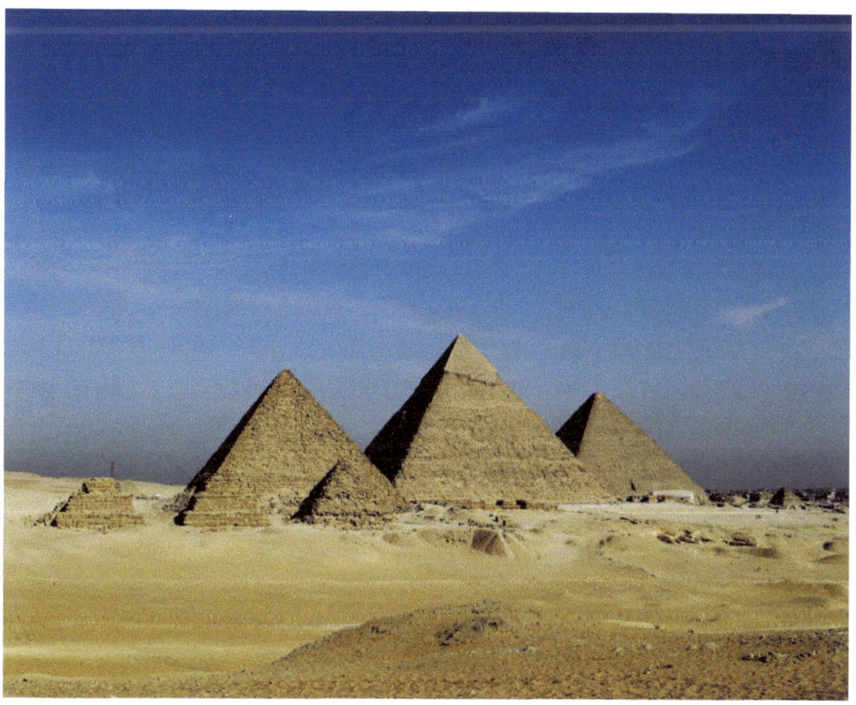

Neben Felsgräbern waren Pyramiden (Foto) Grabstätten, die die Pharaonen sich zu Lebzeiten aufwändig bauen ließen. Die größte und bekannteste ist die **Cheopspyramide** mit einer Seitenlänge von 230 m und einer Höhe von 146 m und einem Volumen von 2,5 Millionen Kubikmetern. Sie besteht aus einer Vielzahl von Steinquadern, die von Hand behauen wurden. Über 40.000 Arbeiter errichteten die Pyramide.
Geheime Gänge im Inneren führten zu den Kammern. Hier lagen die Pharaonen als Mumien geschützt vor Tieren und Räubern und waren umgeben mit vielen schönen und kostbaren Gegenständen.

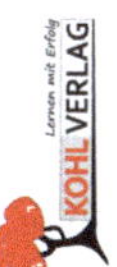

Die Wände (Foto) waren mit vielen Malereien, Zeichnungen und der Bildzeichenschrift, den **Hieroglyphen**, verziert.

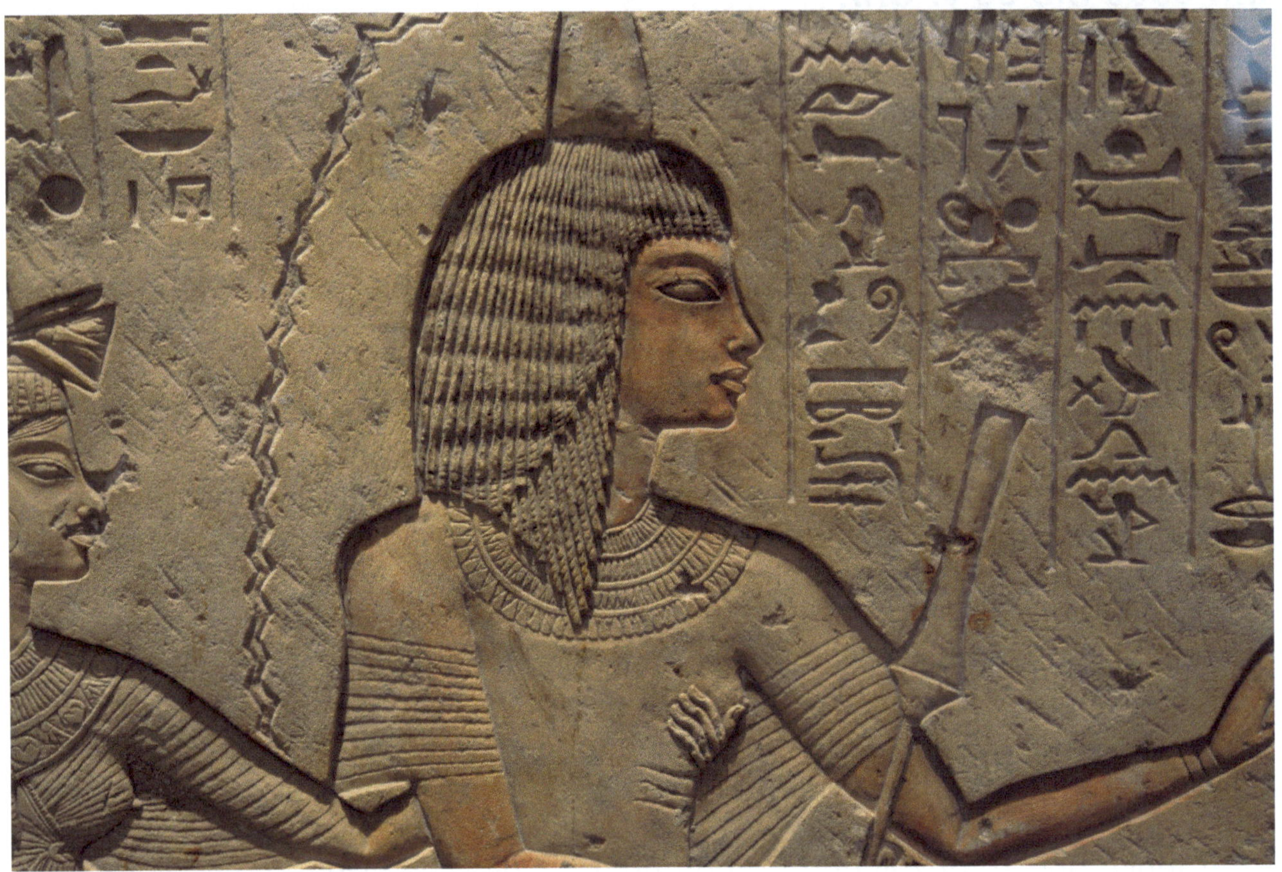

Im Alten Reich berichteten Darstellungen verklärt vom Leben der Pharaonen. Idealisiert und fantasievoll wurden eigene Lebenserfahrungen ins Jenseits übertragen. Im Mittleren Reich gab es Ergänzungen: Glückssymbole, der siegreiche Pharao und die Gleichsetzung des Pharaos mit Gottheiten. In der Zeit des Neuen Reiches wurde häufig in Bildern die Reise des Pharaos zu **Osiris**, dem Gott der Unterwelt, und die Gefahren und Probleme auf dem Weg ins Paradies beschrieben. Auch Totenrituale waren Thema.
Für Darstellungen gab es feste Regeln. So wurden bedeutungsperspektivisch Pharaonen immer größer und gottgleich abgebildet und Frauen und Angestellte kleiner. Bei Körperdarstellungen waren Augen und Schultern von vorne und Kopf, Beine und Füße von der Seite zu sehen. Die Haut der Frauen wurde heller als die der Männer dargestellt. Für eine stehende Figur galt eine Höhe von 18 Quadraten. Davon sollten sechs bis zum Knie, neun bis zum Gesäß und zwölf bis zum Ellenbogen reichen.
Die Form der Skulptur war beinahe ausschließlich den Pharaonen vorbehalten.

?

- Nenne die einzelnen Zeitphasen, in die das alte Ägypten eingeteilt wird.
- Welche waren die Voraussetzungen für die Entstehung und Entwicklung von Kunst und Kultur?
- Berichte von dem Glauben und der Bestattung.
- Welche besondere Funktion hatten die Pyramiden?
- Welche ist die größte und bekannteste Pyramide?
- Nenne die festen Regeln für Bilddarstellungen.
- Wie heißt die Schrift?

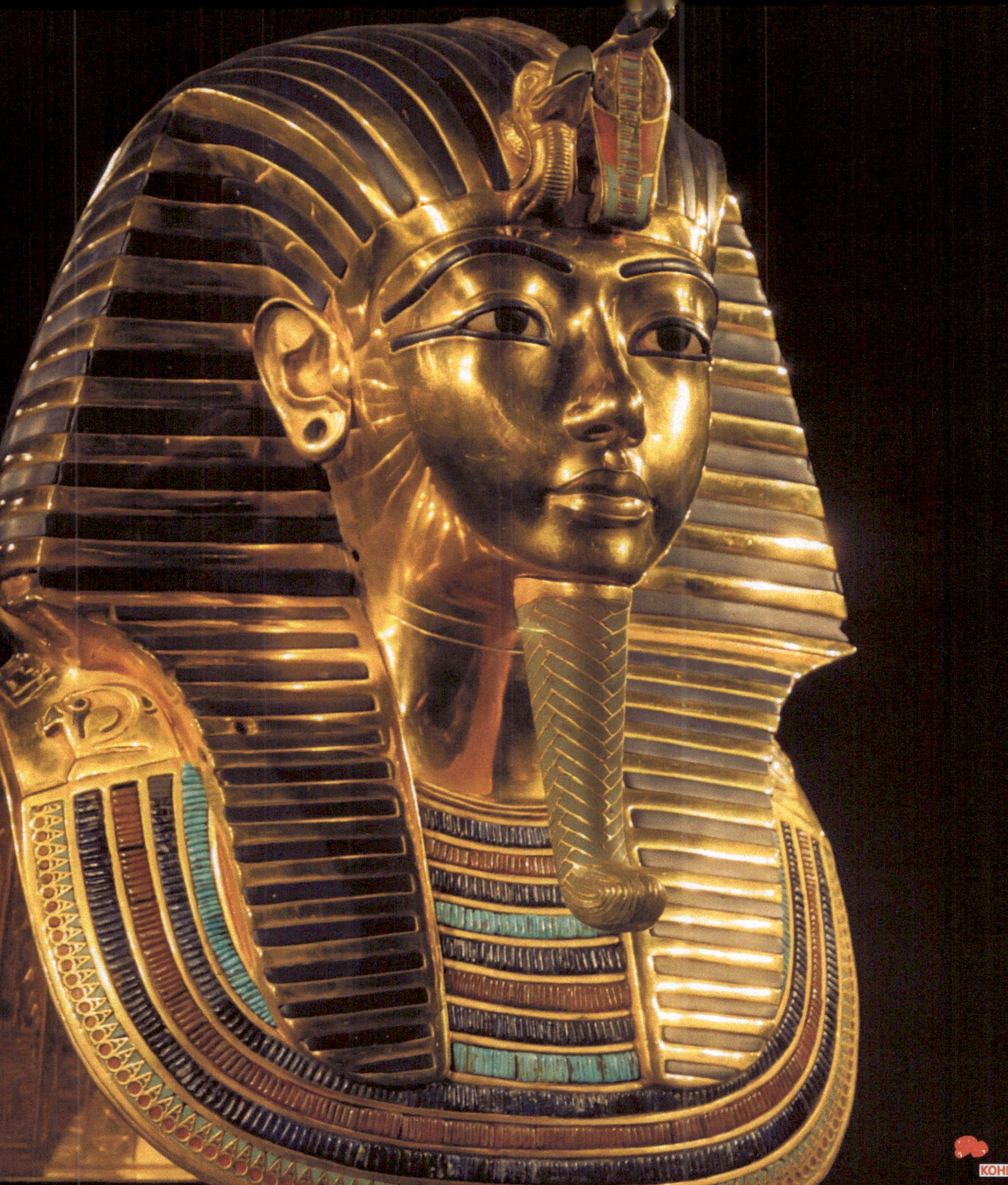

Die berühmte Goldmaske des Tutanchamun (Neues Reich, 18. Dynastie), eine lebensgroße Synthese von Idealbild und Porträt aus massivem Gold, zeigt den gleichnamigen Pharao, der das ägyptische Reich von 1333 bis 1324 v. Chr. regierte, bis er mit 18 Jahren starb.

Er war kein bedeutender Herrscher.

1922 wurde sein Grab mit vielen kostbaren Schätzen entdeckt, Möbel, Waffen, Streitwagen, Schmuck, Gefäße und Körbe. Die Maske lag im Kopfbereich auf der Mumie.

Ihr Gesicht gleicht dem vieler Pharaonendarstellungen Die zwei Symbole am Stirnbereich, die Kobra und der Geierkopf, zeugen von der alleinigen Herrschaft über Ägypten. Die blauen Streifen bestehen aus Glas. Der gebogene Kragen unten ist mit feinen Halbedelsteinen besetzt.

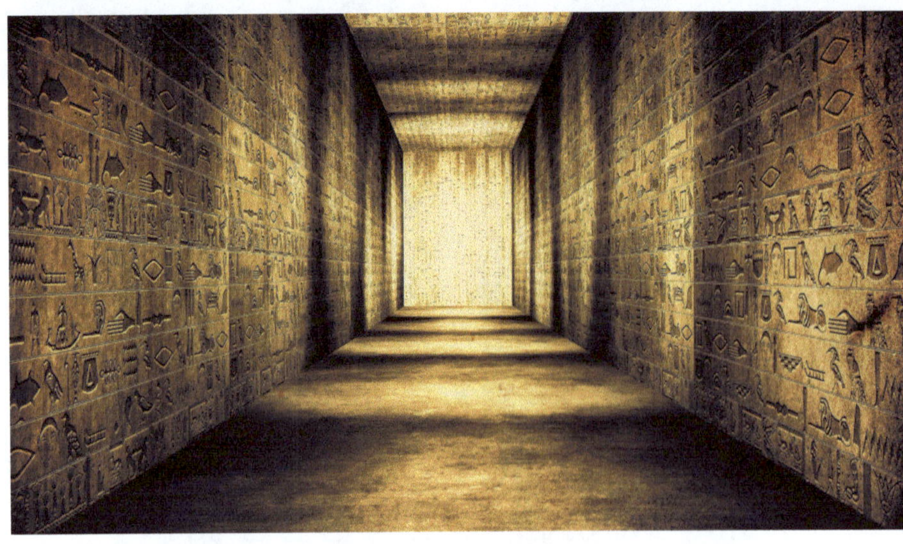

Tunnel zur Grabkammer in einer Pyramide

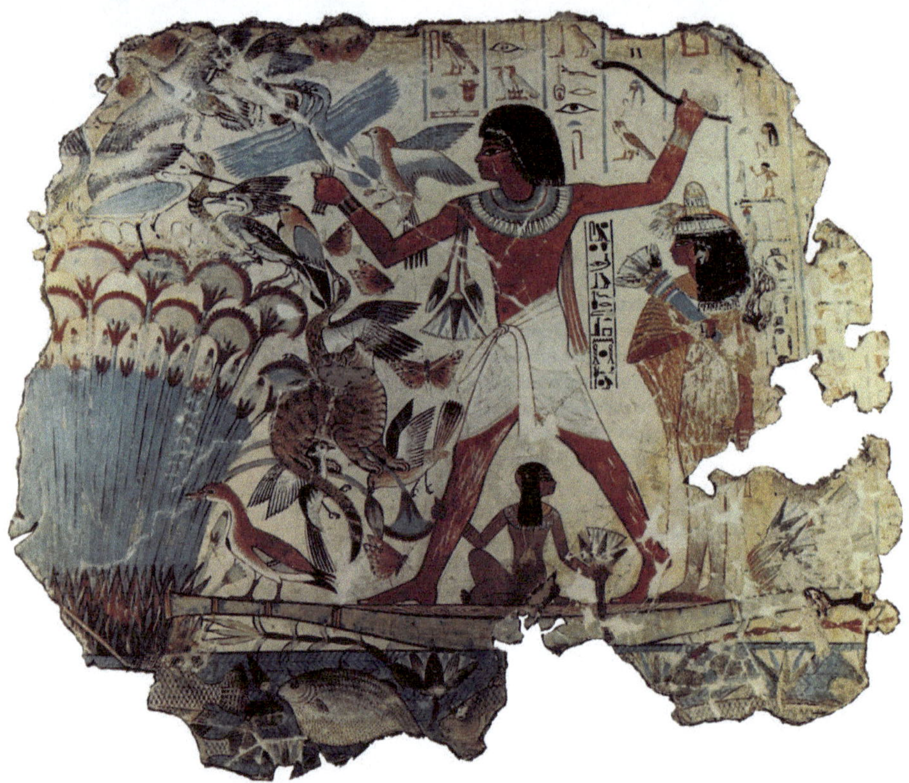

Vogeljagd in den Sümpfen
1350 v. Chr.

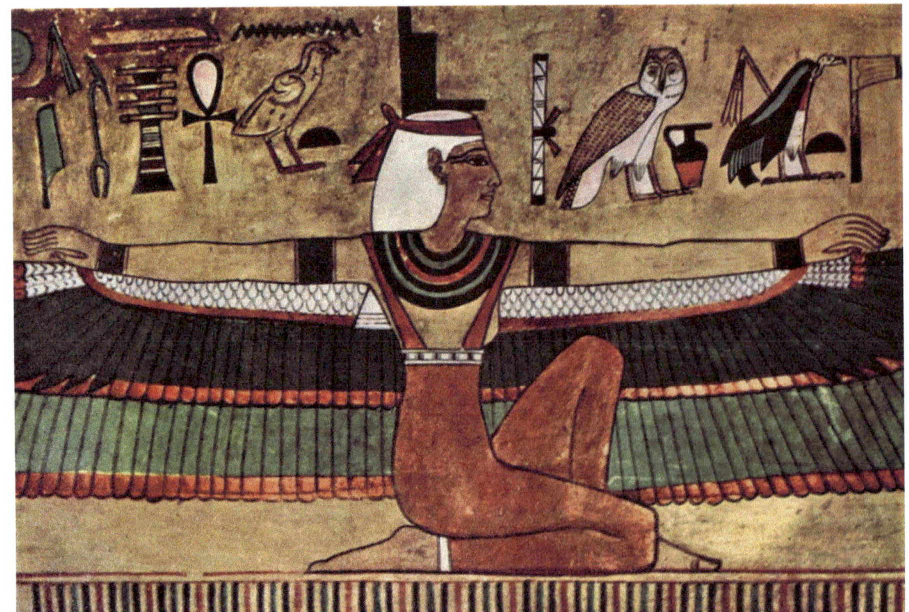

Die Göttin Isis
um 1380-1335 v. Chr.

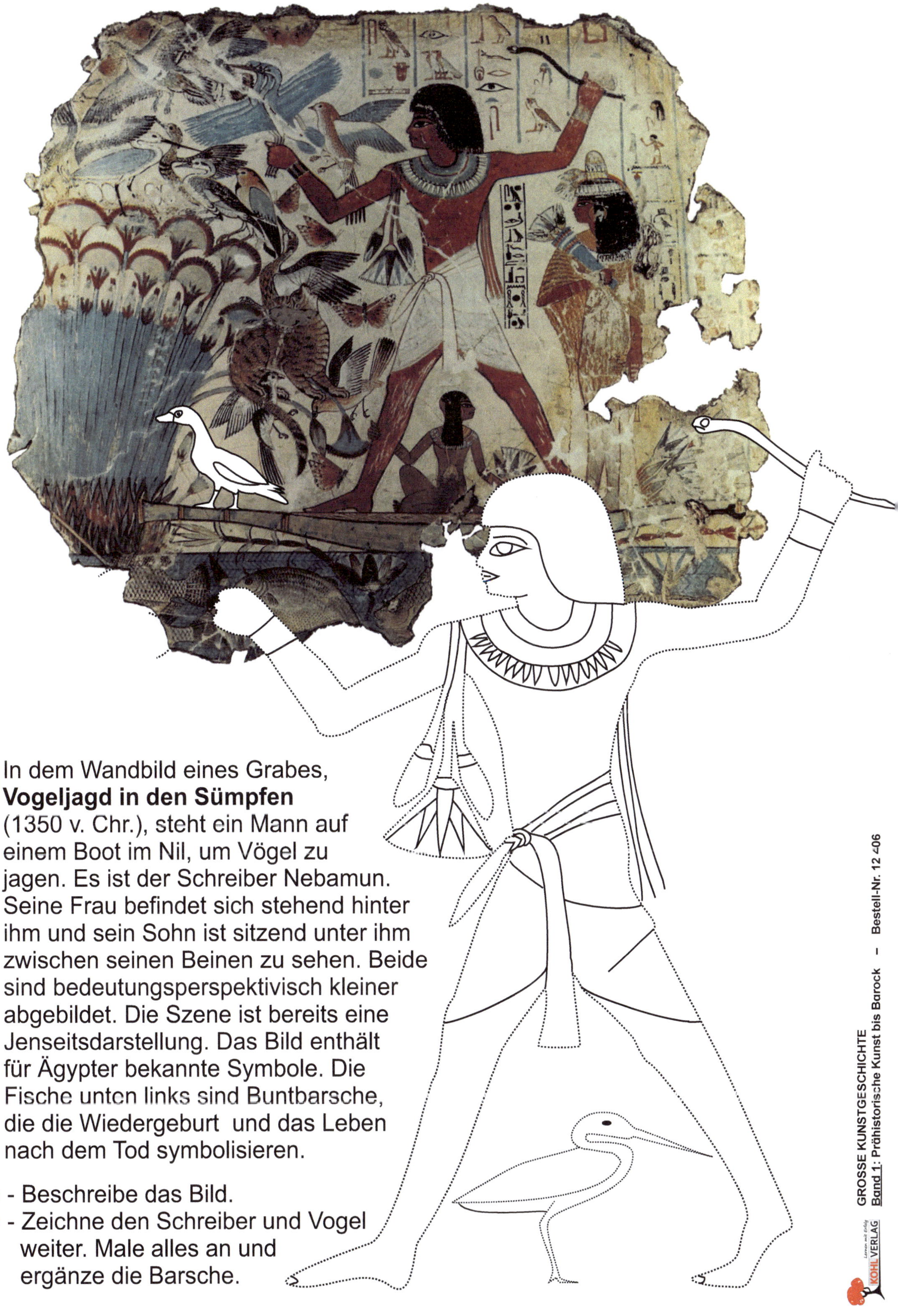

In dem Wandbild eines Grabes, **Vogeljagd in den Sümpfen** (1350 v. Chr.), steht ein Mann auf einem Boot im Nil, um Vögel zu jagen. Es ist der Schreiber Nebamun. Seine Frau befindet sich stehend hinter ihm und sein Sohn ist sitzend unter ihm zwischen seinen Beinen zu sehen. Beide sind bedeutungsperspektivisch kleiner abgebildet. Die Szene ist bereits eine Jenseitsdarstellung. Das Bild enthält für Ägypter bekannte Symbole. Die Fische unten links sind Buntbarsche, die die Wiedergeburt und das Leben nach dem Tod symbolisieren.

- Beschreibe das Bild.
- Zeichne den Schreiber und Vogel weiter. Male alles an und ergänze die Barsche.

GROSSE KUNSTGESCHICHTE
Band 1: Prähistorische Kunst bis Barock – Bestell-Nr. 12 406
KOHL VERLAG

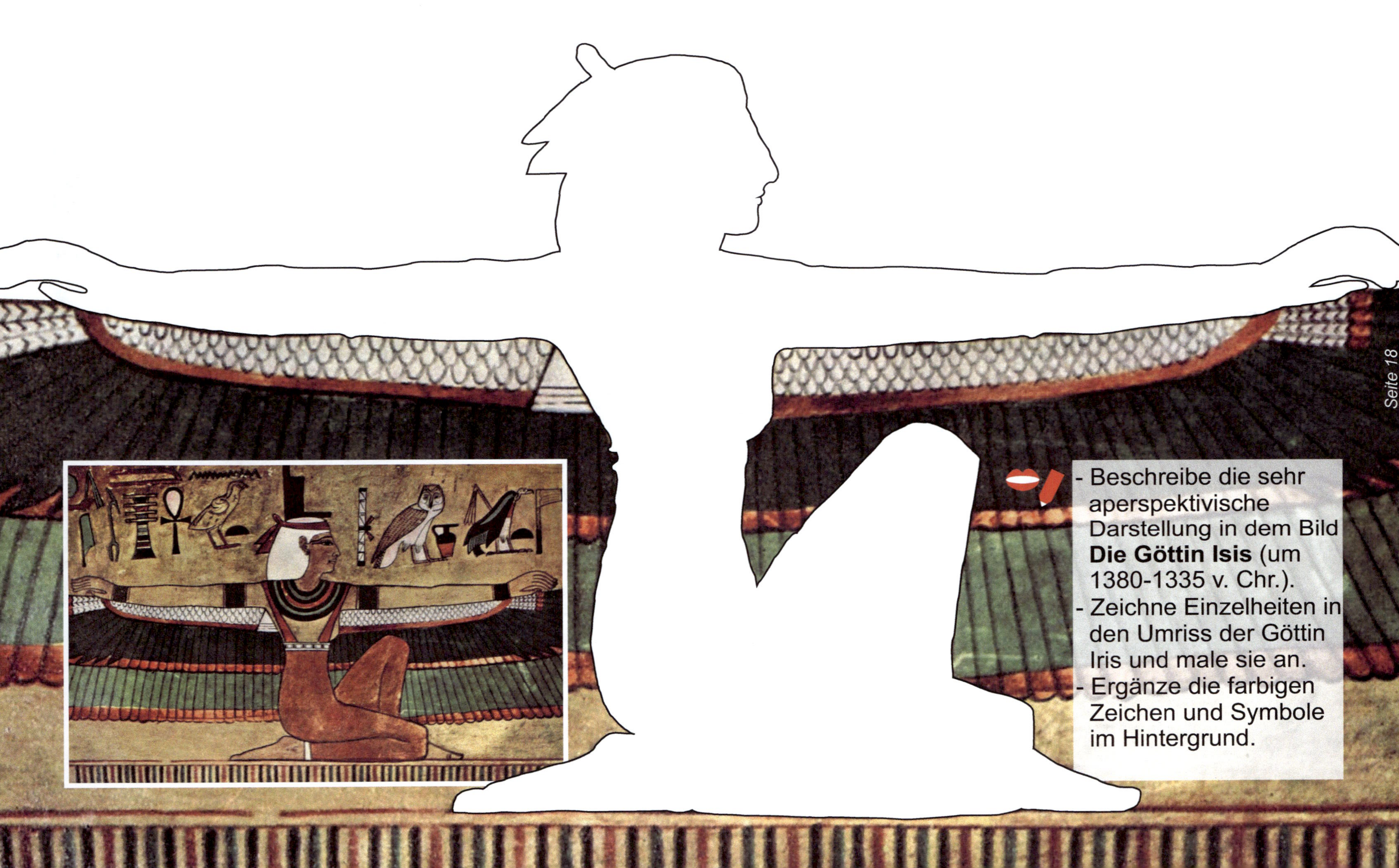

- Beschreibe die sehr aperspektivische Darstellung in dem Bild **Die Göttin Isis** (um 1380-1335 v. Chr.).
- Zeichne Einzelheiten in den Umriss der Göttin Iris und male sie an.
- Ergänze die farbigen Zeichen und Symbole im Hintergrund.

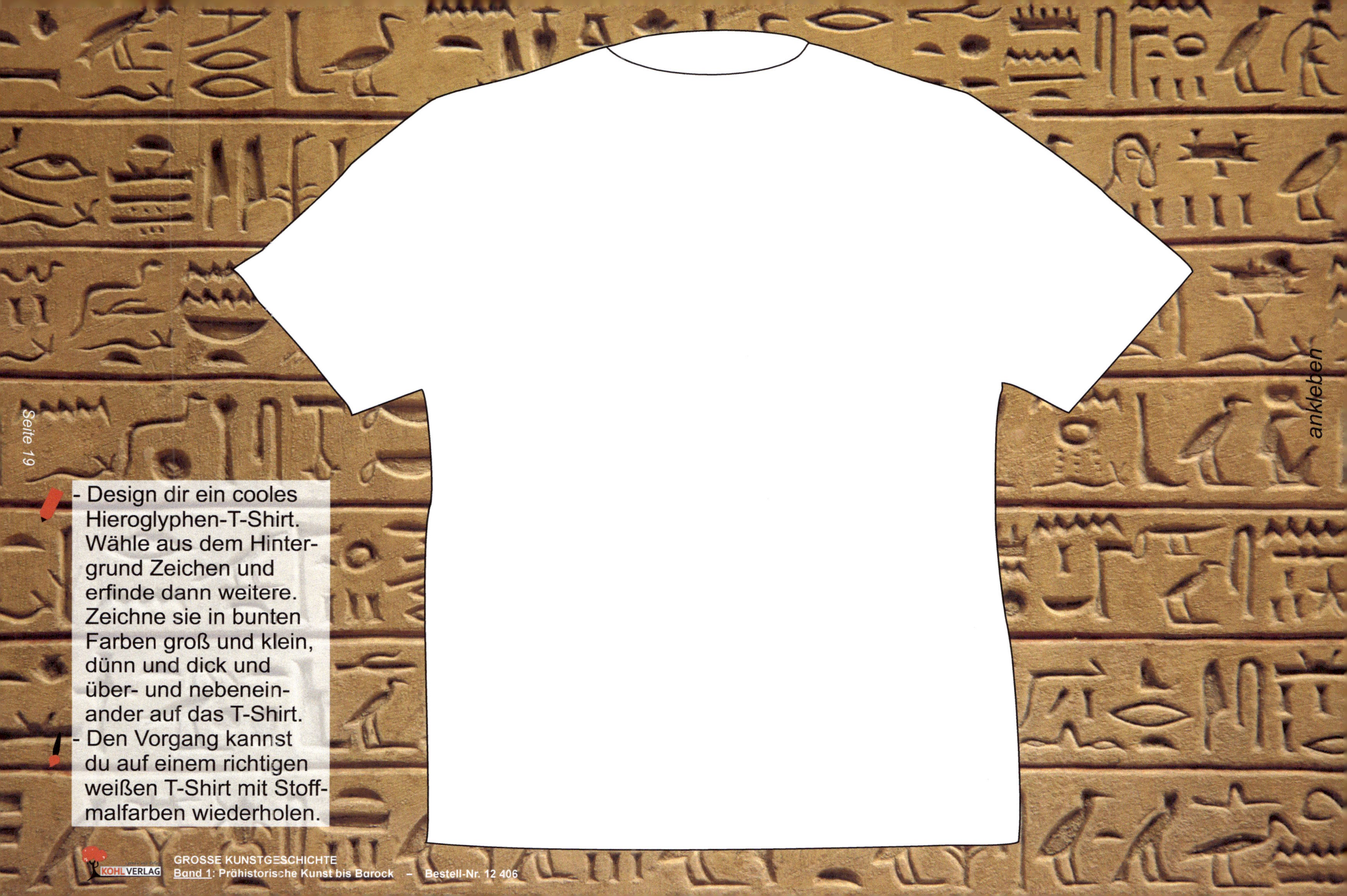

- Design dir ein cooles Hieroglyphen-T-Shirt. Wähle aus dem Hintergrund Zeichen und erfinde dann weitere. Zeichne sie in bunten Farben groß und klein, dünn und dick und über- und nebeneinander auf das T-Shirt.
- Den Vorgang kannst du auf einem richtigen weißen T-Shirt mit Stoffmalfarben wiederholen.

ankleben

Griechische Kunst

um 1000 bis 100 v. Chr.

i Um 1100 v. Chr. kamen die **Dorer** aus dem Norden nach Griechenland. Nach langen kriegerischen Auseinandersetzungen mit den in Kleinasien lebenden **Ioniern** folgte ab 750 v. Chr. eine friedliche Entwicklung. Mächtige Stadtstaaten wie **Athen**, **Korinth**, **Sparta** und **Theben** entstanden. Nach immer wieder wechselnden Bündnissen bildeten sie Griechenland. Als 480 v. Chr. die Perser besiegt wurden, begann die Blütezeit besonders für Athen. Ab 359 v. Chr. machten **Philipp II.** und später sein Sohn **Alexander** Eroberungen.
In allen Siedlungsgebieten der Griechen breiteten sich jetzt die griechische Kunst und Kultur aus: griechisches Festland, Inseln der Ägäis, westliches Kleinasien, Süditalien mit Sizilien, Frankreich, Spanien, Nordafrika, Palästina und einige Regionen am Schwarzmeer.
Die Griechen glaubten an viele verschiedene Götter, die sie sich wie Menschen vorstellten. Da gab es zum Beispiel **Zeus**, der mächtigste Gott, **Hera**, seine Frau, **Poseidon**, sein Bruder und der Gott des Meeres, **Hades**, sein weiterer Bruder und der Herrscher der Unterwelt, **Apollo**, der Gott der Heilung und des Lichtes, und **Demeter**, die Göttin der Fruchtbarkeit und des Ackerbaus. Ihnen zu Ehren gab es Prozessionen, Opfer, Musik- und Rezitationswettbewerbe. Spiele und sportliche Wettbewerbe mit teilweise überregionaler Bedeutung fanden zusätzlich statt, zum Beispiel in **Olympia**. Für sie bauten sie kunstvolle Tempel.
Die griechische Kunst lässt sich in vier Epochen einteilen: **Geometrische Kunst** von um 1000 bis 700 v. Chr., **Archaische Kunst** von um 700 bis 490 v. Chr., **Klassische Kunst** von um 490 bis 320 v. Chr. und **Hellenistische Kunst** von um 320 bis 100 v. Chr.

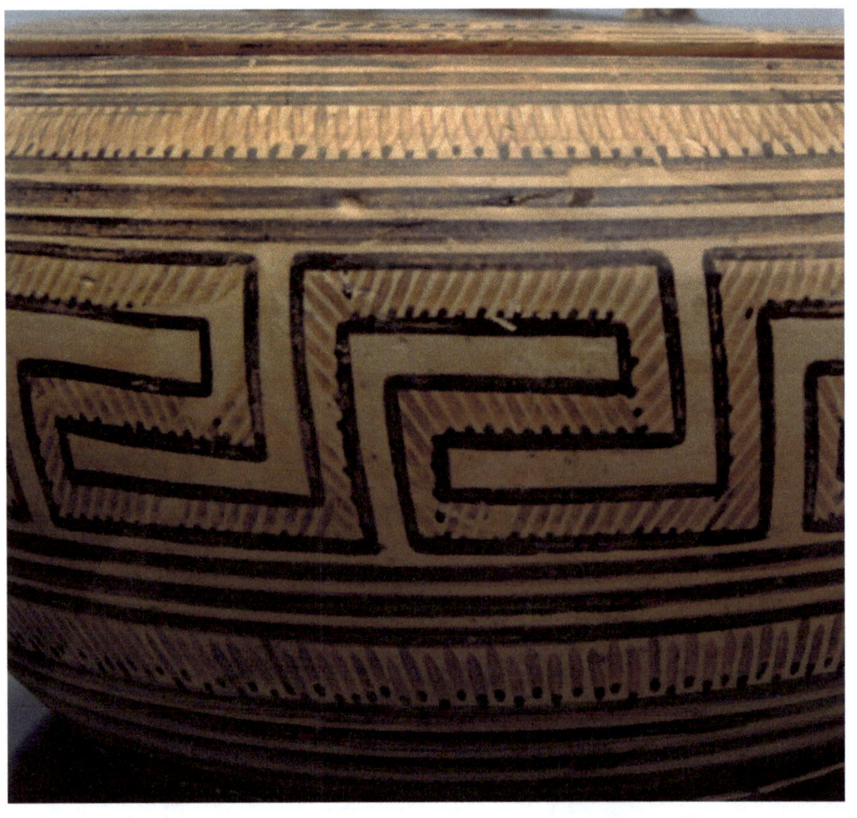

In der Zeit der **Geometrischen Kunst** wurden getöpferte Gefäße mit einfachen zumeist erdfarbigen Mustern (Foto) hergestellt. Häufig waren Kreis, Raute und Viereck. Waagerecht angeordnete Ornamentbänder, auch **Mäander** genannt, gab es beispielsweise rechtwinklig gebrochen. Später wurden die Muster mit Menschen- und Tierdarstellungen ergänzt. Im gleichen Stil gab es am Ende der Epoche Geräte und Schmuckstücke. Kleine Plastiken bestanden aus Ton, Metall und Elfenbein

und größere aus Holz.
In der **archaischen** Epoche begannen Künstler, Statuen aus Marmor, Ton und Bronze mit idealisierten Götter- und Menschenabbildungen zu schaffen. Sie waren fein mit Einzelheiten bearbeitet und oft zusätzlich mit Holz, Metall und Elfenbein verziert. Männliche Figuren, **Kuros**, wurden nackt und weibliche, **Kore**, aufwendig bekleidet dargestellt. Am Anfang orientierten sie sich an ägyptischen Vorbildern.

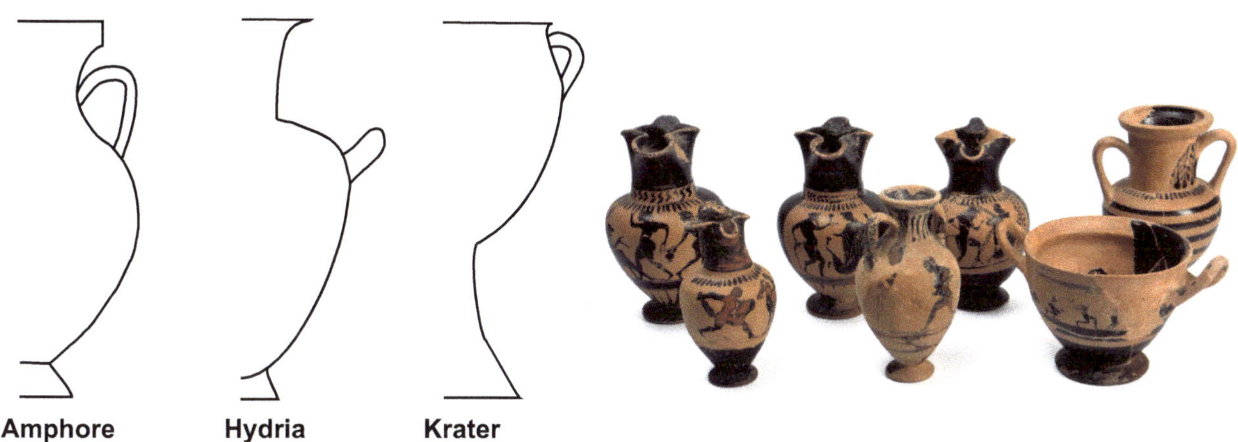

Eine Vielfalt an Gefäßformen entstanden auf der Töpferscheibe, **Amphoren**, **Hydrias** und **Krater**. Um 530 v. Chr. wurde die schwarzfigurige Vasenmalerei von der rotfigurigen (Foto) abgelöst.
In der Zeit der **Klassik** entstanden Skulpturen in Bewegung, zum Beispiel der Diskuswerfer. **Phidias** und **Polyklet** waren bekannte Künstler.
Bauten wurden jetzt nach festgelegten Regeln errichtet. Architekten berechneten die Proportionen, damit sie harmonisch und elegant wirken sollten. So wurde für einen Tempel ein rechteckiger Grundriss um den Innenraum, **Cella**, mit einem Säulenumgang errichtet. Der **Parthenon** (448-432 v. Chr.) auf der **Akropolis** in Athen aus weißem Marmor ist ein bekanntes Beispiel. In seinem Inneren stand eine kostbare Götterstatue aus Gold, Elfenbein und Marmor.
In der **hellenistischen** Kunst wurden die körperliche Bewegung und der Ausdruck in den Skulpturen weiter gesteigert. Figuren wurden schlanker mit kleineren Köpfen gefertigt. Die 242 cm hohe **Laokoongruppe** (um 50 v. Chr.) mit dem Laokoon und seinen Söhnen aus Marmor ist ein repräsentatives Werk dafür. Auch Angehörige der unteren Gesellschaftsschichten wurden Thema, zum Beispiel Fischer, Hirten und Marktfrauen.
Prachtvolle Bauten und die Porträtmalerei erlebten eine Blütezeit.
Von der großen griechischen Wand- und Tafelmalerei ist kaum etwas erhalten. Berühmt ist die Wandmalerei von 317 bis 315 v. Chr., die eine Schlacht zwischen **Alexander dem Großen** und dem Perserkönig **Dareios III.** im Streitwagen zeigt.

- Zähle die vier Epochen der griechischen Kunst mit einem Beispiel auf.
- Wie wurde der Ornamentstreifen auf Vasen genannt?
- Nenne drei Vasenformen und zeichne ihren Umriss.
- Erkläre die Begriffe **Kuros** und **Kore**.
- Wie heißt der Tempel auf der Akropolis?
- Welcher Epoche gehören **Phidias** und **Polyklet** an.
- Welches ist das repräsentative Skulpturenbeispiel in der hellenistischen Kunst?

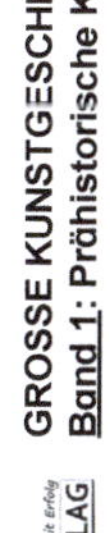

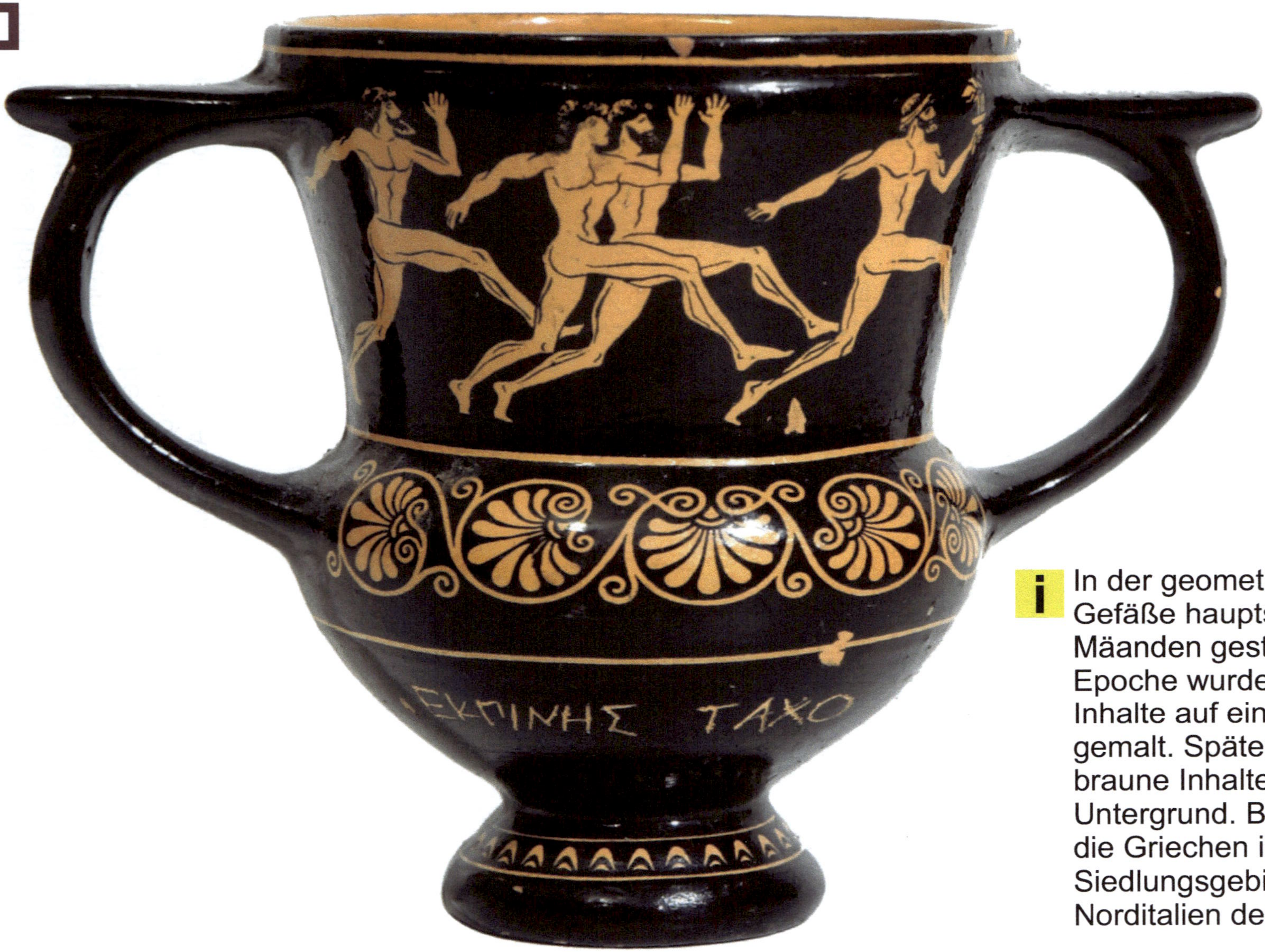

In der geometrischen Epoche wurden Gefäße hauptsächlich mit vielfältigen Mäanden gestaltet. In der archaischen Epoche wurden auf die Gefäße schwarze Inhalte auf einen rotbraunen Untergrund gemalt. Später war es umgekehrt: Rotbraune Inhalte entstanden auf schwarzem Untergrund. Bereits um 600 v. Chr. boten die Griechen ihre Vasen außerhalb ihrer Siedlungsgebiete an, zum Beispiel in Norditalien den Etruskern.

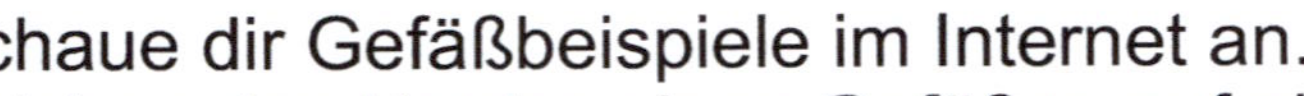

- Schaue dir Gefäßbeispiele im Internet an.
- Zeichne den Umriss eines Gefäßes auf ein Zeichenblockblatt und gestalte einen schwarzen Inhalt auf rotbraunem Untergrund nach griechischem Vorbild mit Farbstiften oder Pinseln und Tuschfarben.

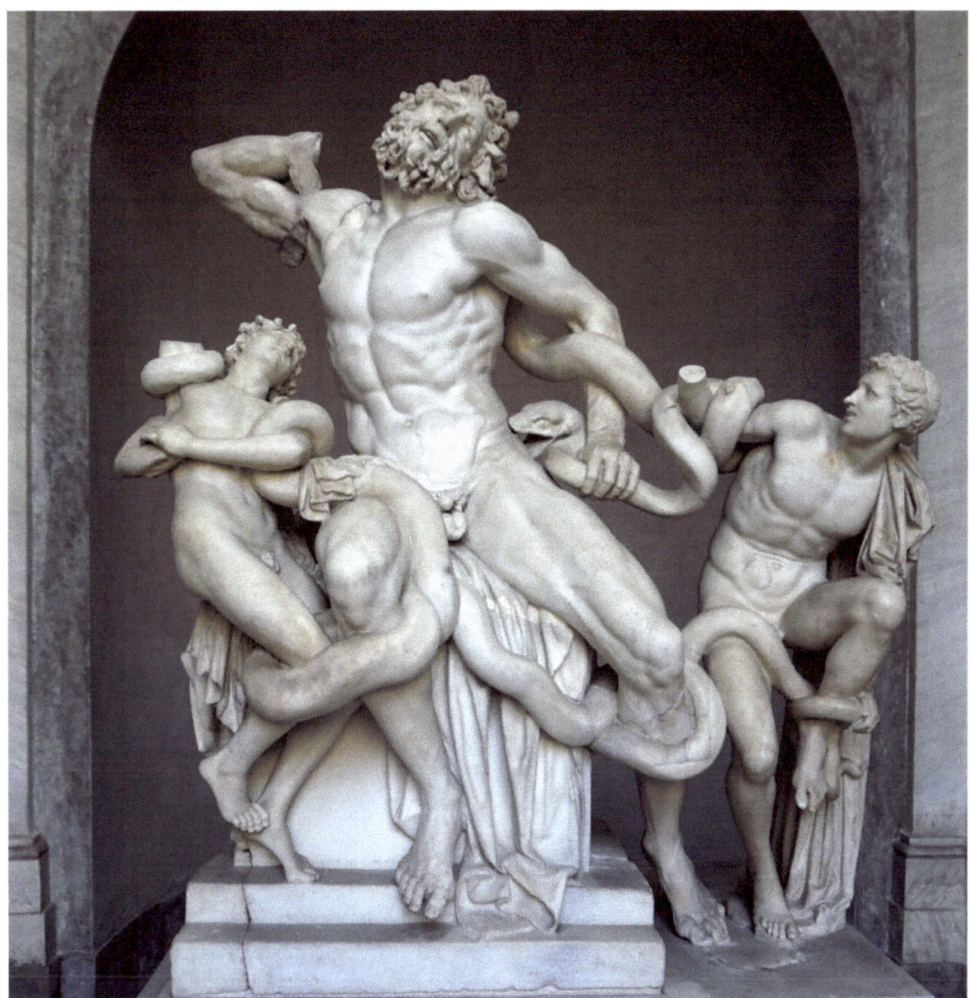

Laokoongruppe 500 v. Chr.

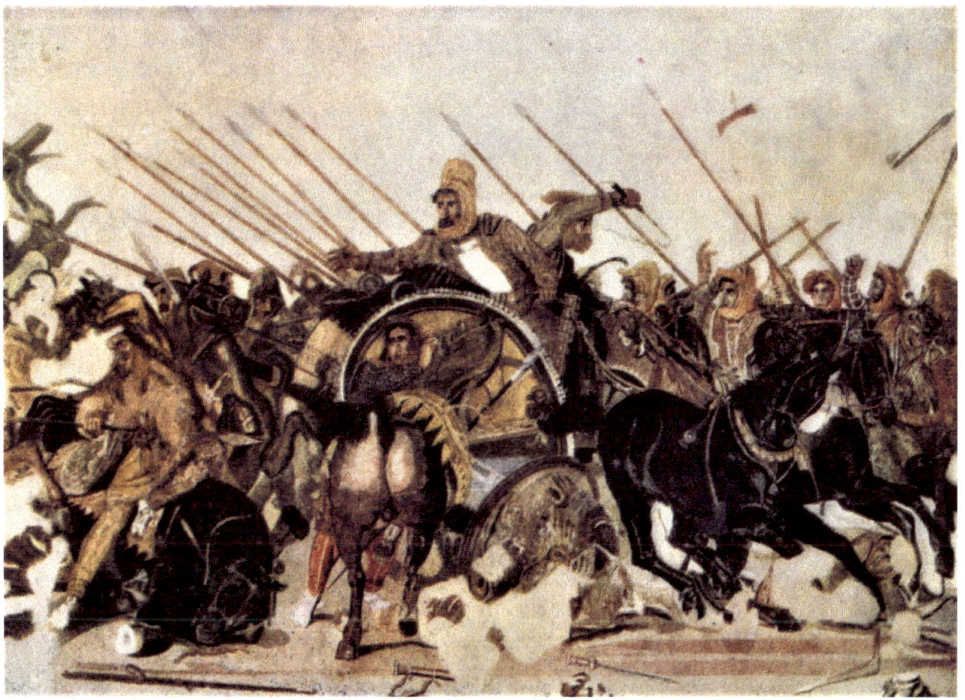

Alexanderschlacht 317-315 v. Chr. (Mosaikkopie aus Pompeji, Ende 2. Jahrhundert)

- Setze die Mäandermuster fort.
- Gestalte die Vase mit verschiedenen Mustern nach den vorgegebenen Beispielen oder deiner Fantasie.

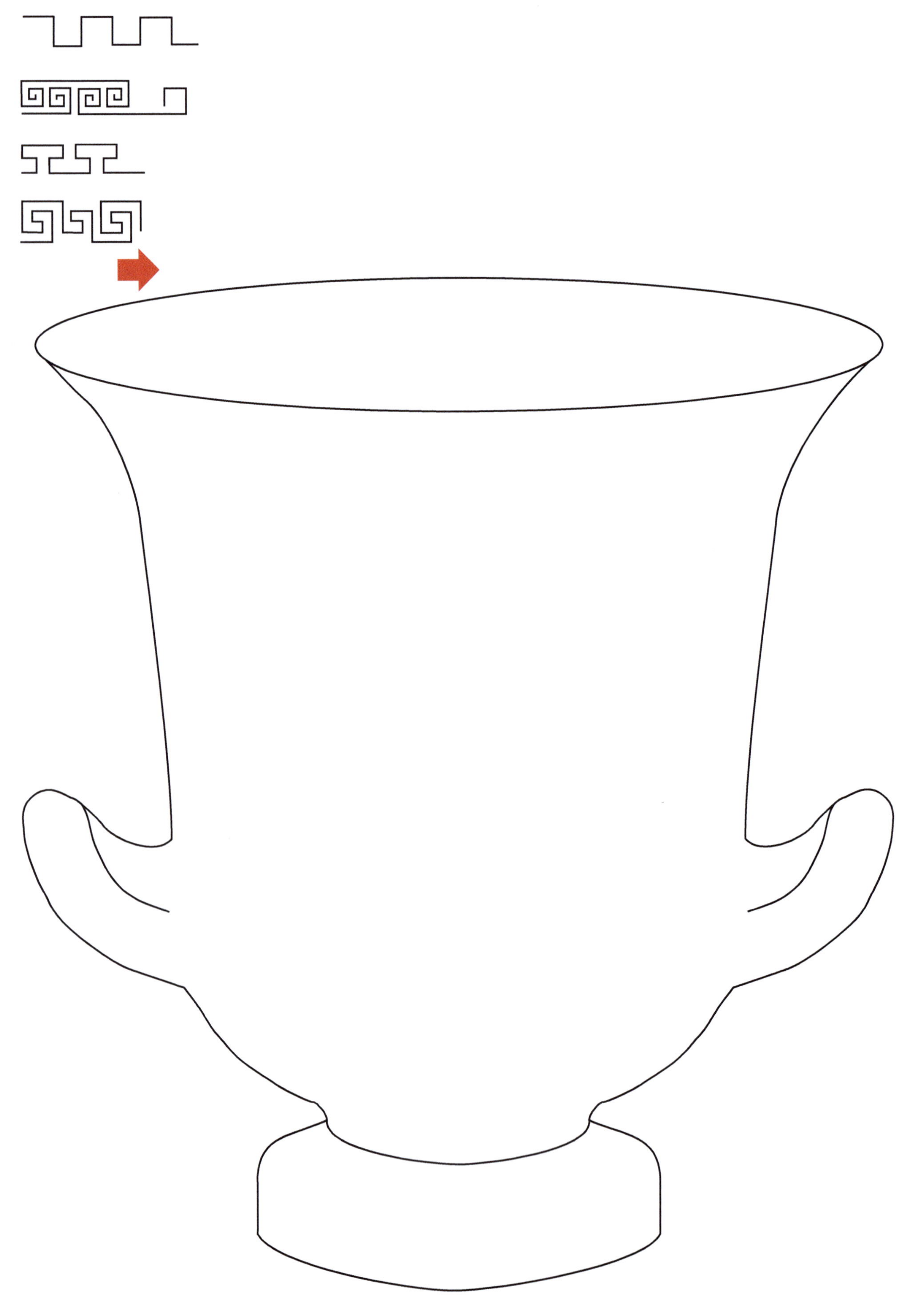

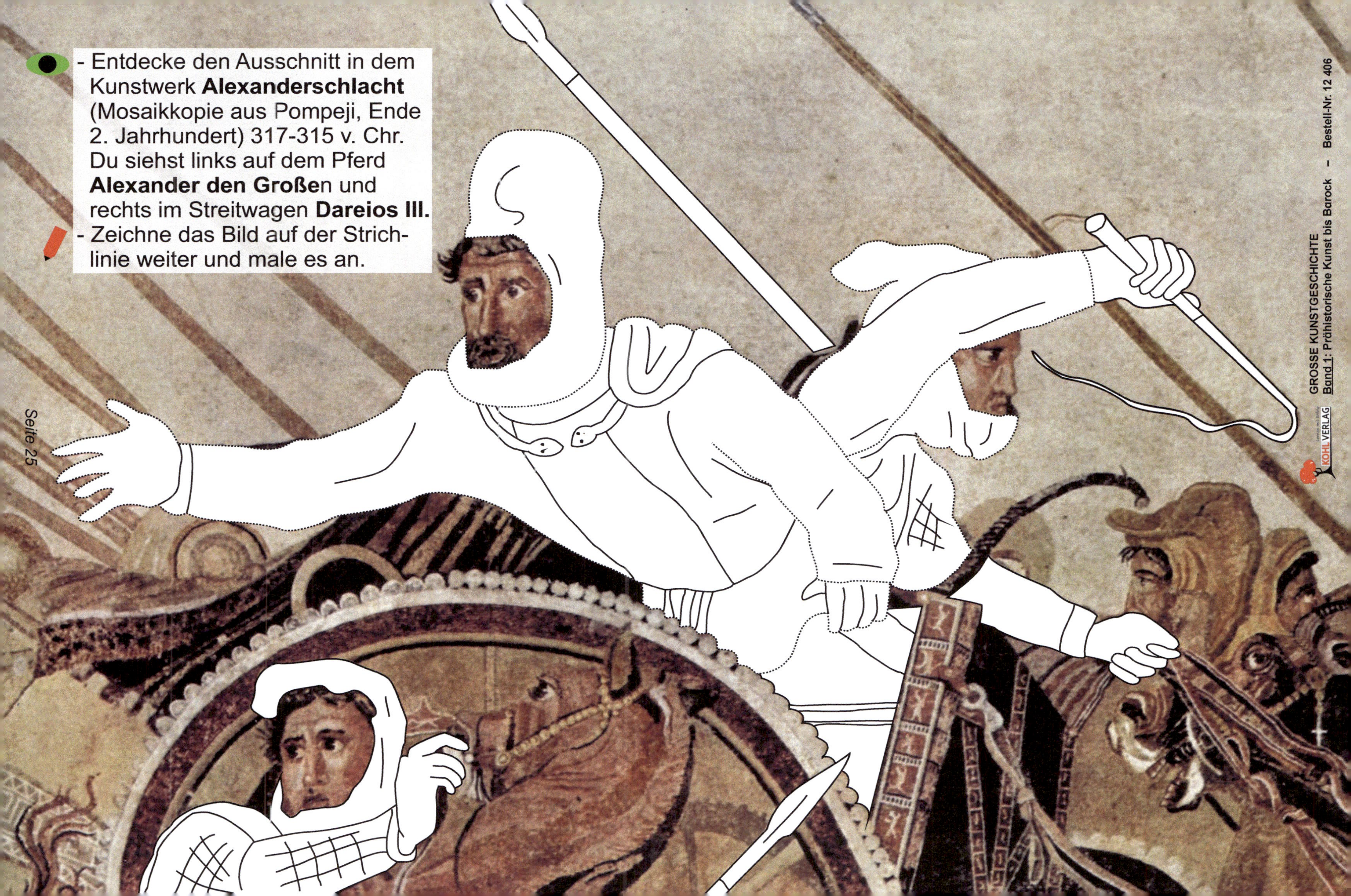

- Entdecke den Ausschnitt in dem Kunstwerk **Alexanderschlacht** (Mosaikkopie aus Pompeji, Ende 2. Jahrhundert) 317-315 v. Chr. Du siehst links auf dem Pferd **Alexander den Großen** und rechts im Streitwagen **Dareios III.**
- Zeichne das Bild auf der Strichlinie weiter und male es an.

Römische Kunst

um 100 v. Chr. bis 400 n. Chr.

i Römische Kunst ist die Kunst Italiens und der Provinzen des römischen Kaiserreiches um das Mittelmeer, in Westeuropa bis Britannien und Kleinasien. Seit 146 v. Chr. beherrschten die Römer Griechenland. Die griechische und etruskische Kunst war für die römische grundlegend. Griechische Kunst wurde kopiert, geraubt und importiert. Viele griechische Bildhauer und Architekten zogen nach Rom. Die Römer lernten von ihnen. Seit dem 1. Jahrhundert v. Chr. wurde die römische Kunst eigenständig. Ab dem 3. Jahrhundert n. Chr. zeigte sie auch christliche Inhalte.

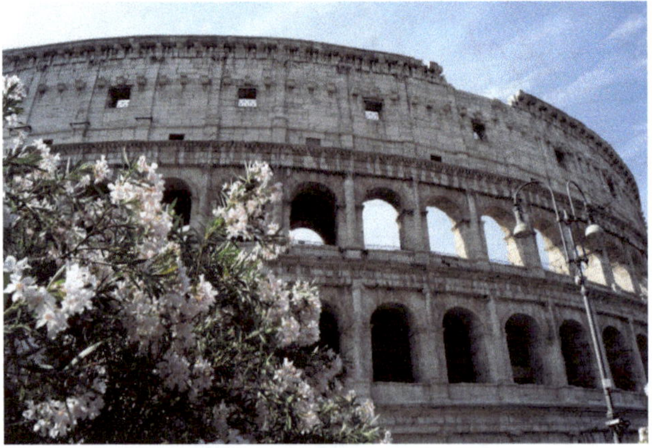

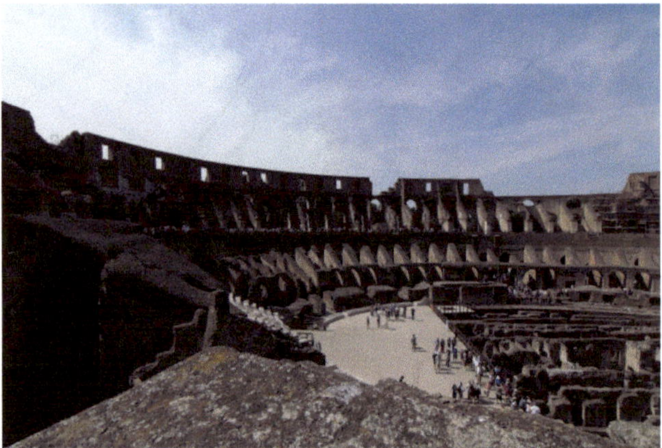

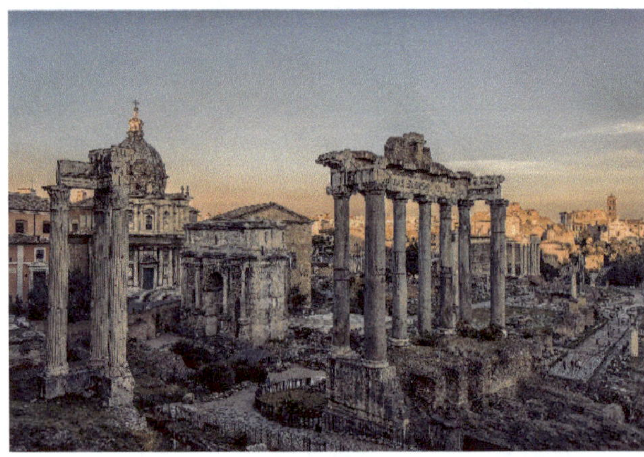

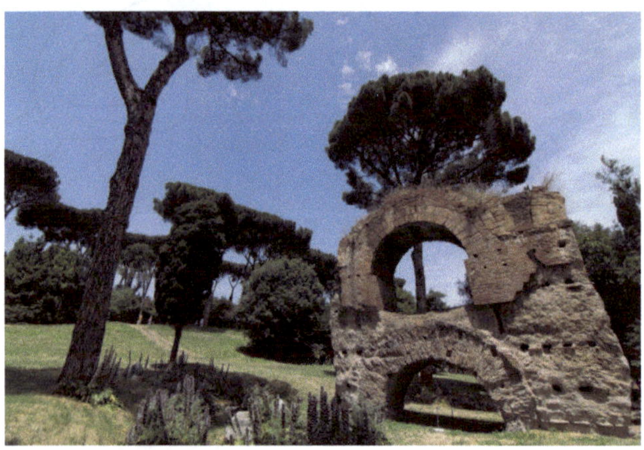

Im Gegensatz zu den Griechen entwickelte sie bald die Stützbögen und konnte somit größere Brücken, Aquädukte, Tore und Bauten errichten. Beispiele zeigen in Rom das **Kolosseum** (Foto links oben), ein Freilufttheater (Foto oben rechts) mit mehr als 50.000 Sitzplätzen und das **Forum Romanum** (Fotos unten). Repräsentative Skulpturen wurden als schmückende Ausgestaltung an Plätzen und Gebäuden aufgestellt und Reliefs an Triumphbögen und Monumentalsäulen, die propagandistisch das militärische Alltagsleben, Feldzüge und die Taten von Feldherren verherrlichten.
Die vermögenden Römer bestatteten zunehmend die Verstorbenen in steinernen Sarkophagen, die mit schmuckreichen Reliefs versehen wurden. Sie zeigten die tugendhaften Eigenschaften und Lebensereignisse der Verstorbenen, mythologische und historische Szenen und später Themen aus dem Testament.

Die **Porträtkunst** gewann stetig an Bedeutung. Nicht wie in der griechischen Kunst wurde die Person idealisiert, sondern konkret dargestellt. Mit ihr wurden die Ahnen geehrt. Unter **Kaiser Augustus** erhielten Repräsentationsskulpturen individuelle Porträtköpfe.
Die Malerei wurde auch seit dem 3. Jahrhundert v. Chr. als **Triumphalmalerei** genutzt. Siegreiche Feldherren zeigten bei ihren Triumphzügen durch Rom Bilder als Form einer Berichterstattung und stellten sie aus.

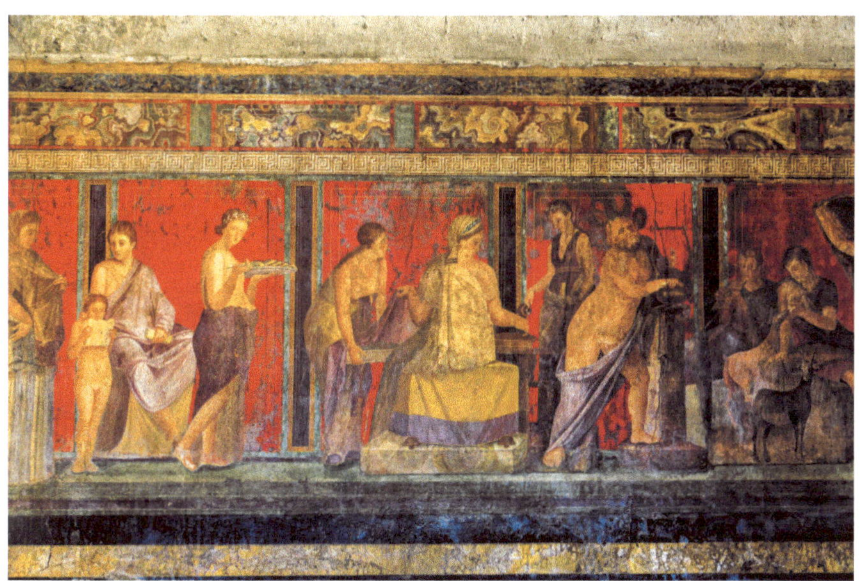

Die Wandmalerei zierte die Fassaden und Innenräume von öffentlichen und privaten Gebäuden, Grabbauten und später Katakomben. Die Themen waren vielfältig. Zu den Schwerpunkten gehörten Scheinarchitekturen, mythologische Darstellungen, weite Landschaften und später biblische Szenen. Durch perspektivische Tricks wurde die Illusion von weiten Räumen und Plastizität geschaffen. Zwei Techniken wurden angewandt: Malen auf feuchtem Putz (**Fresko**, Foto) und Malen auf bereits getrocknetem Putz (**Secco**).
Mit Hilfe von gut erhaltenen Bildbeispielen aus der Stadt **Pompeji**, die durch den Vulkanausbruch des **Vesuvs** 79 v. Chr. verschüttet und sehr viel später freigelegt wurde, sind vier Stilarten zu erkennen: **Mauerwerk- und Inkrustationsstil** (um 200-80 v. Chr.) mit viel Nachahmung von Marmor und Holz, **Architektur- und Illusionsstil** (um 100-15 v. Chr.) mit großer Vorliebe für Architektur und Landschaftsblicke, **Ornamentaler Stil** (um 15 v. Chr.-50 n. Chr.) mit dekorativen Einrahmungen und **Fantasiestil** (ab um 60 n. Chr.) mit Ornamenten und Architekturen und Landschaften mit Elementen der **Trompe-l'oeil-Malerei**.
Auch von der **Mosaikkunst** gibt es Boden- und Wandbeispiele aus öffentlichen und privaten Häusern aus Pompeji. Kunsthandwerker klebten viele kleine eckige flache Teile aus Glas, Stein oder Ton auf einem Untergrund zusammen. Die Darstellungen waren meistens Motive aus der Mythologie, später aus dem Alltag und dem Christentum, von Personen, Schlachten, Kampfszenen aus Arenen, Landschaften, Pflanzen, Tieren, der Jagd, Ornamenten und Stillleben.
Vom 2. bis 1. Jahrhundert v. Chr. gab es schwarze Darstellungen auf weißem Untergrund und später farbige auf farbigem Untergrund.

- Welche Kunst beeinflusste maßgeblich die römische Kunst?
- Für welche Zwecke wurden Reliefs hergestellt?
- Nenne Themen der Wandmalerei.
- Zähle ihre vier Stilarten auf.
- In welchem Ort wurden gut erhaltene Beispiele der Wandmalerei gefunden?
- Erkläre den Unterschied zwischen **Fresko** und **Secco**.
- Aus welchen Materialien stellten Kunsthandwerker Mosaike her?

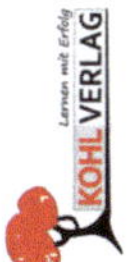

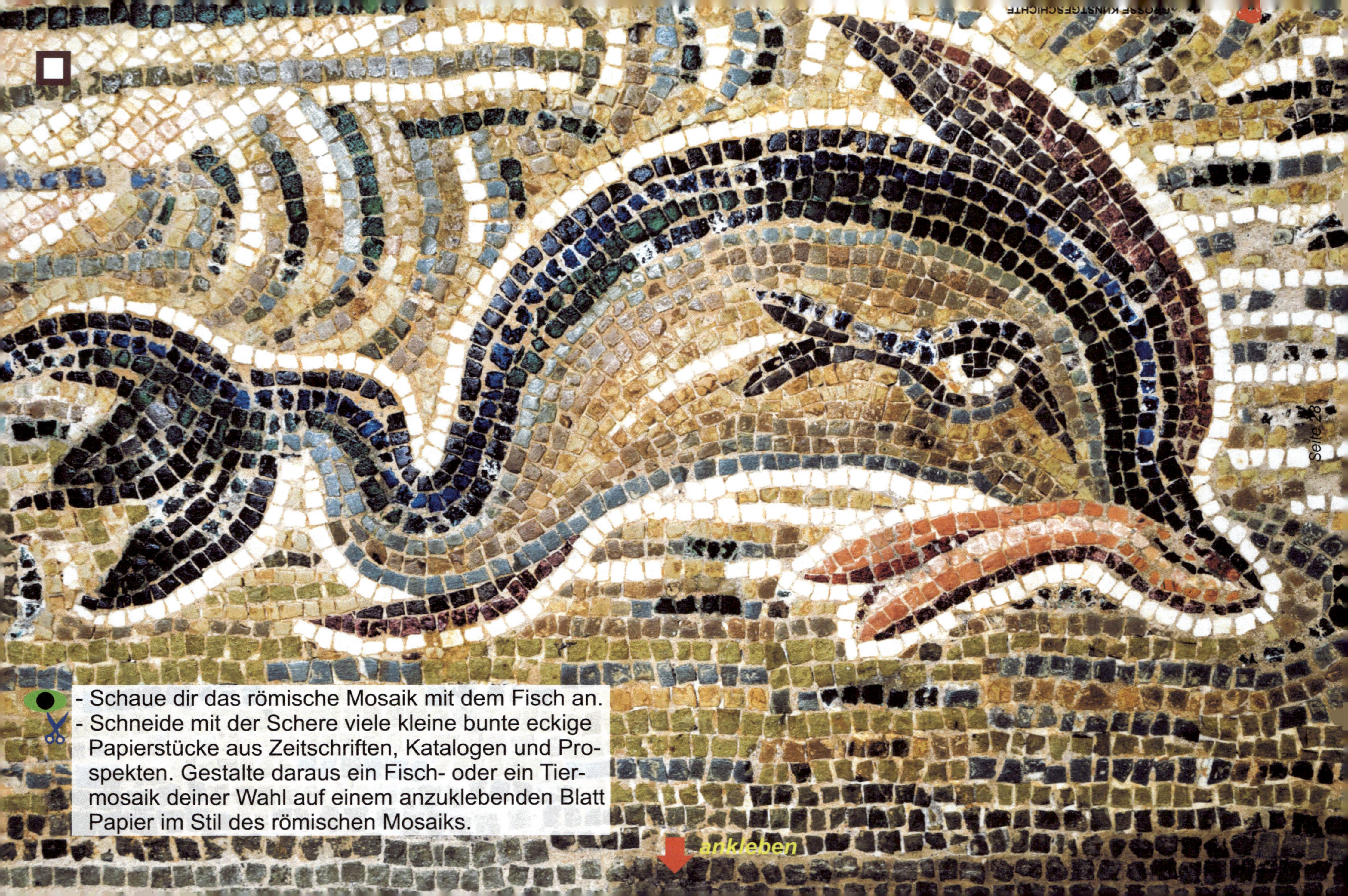

- Schaue dir das römische Mosaik mit dem Fisch an.
- Schneide mit der Schere viele kleine bunte eckige Papierstücke aus Zeitschriften, Katalogen und Prospekten. Gestalte daraus ein Fisch- oder ein Tiermosaik deiner Wahl auf einem anzuklebenden Blatt Papier im Stil des römischen Mosaiks.

ankleben

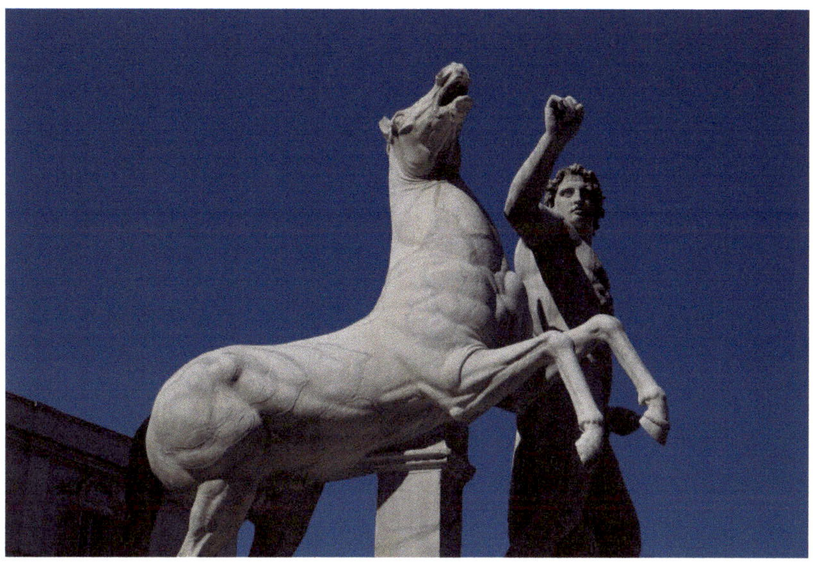

Römische Skulptur

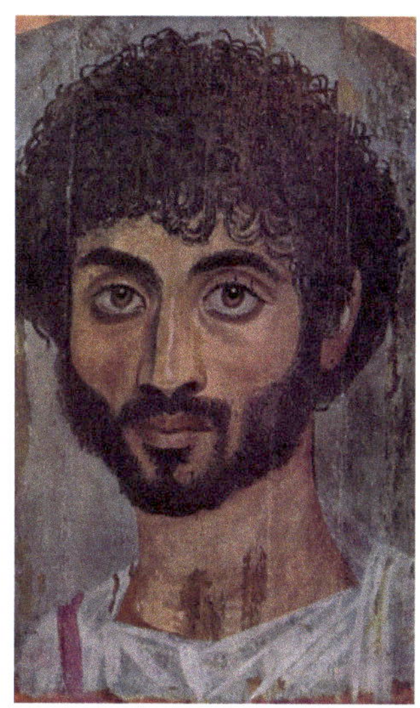

Mumienporträt aus Fayum, 2. Jahrhundert

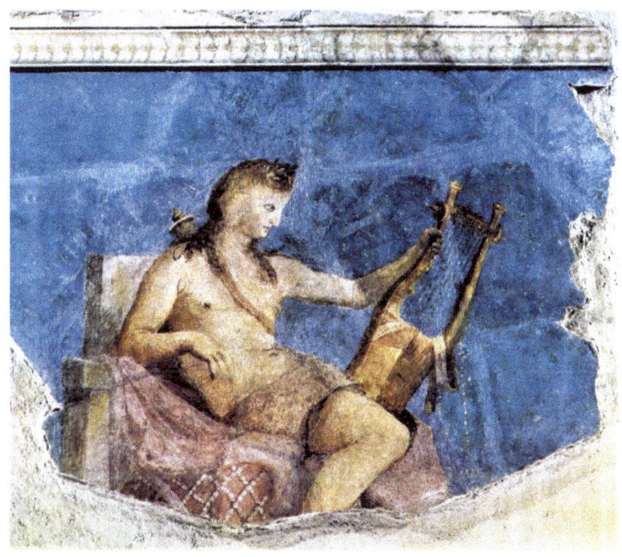

Apollo mit der Leier um 50

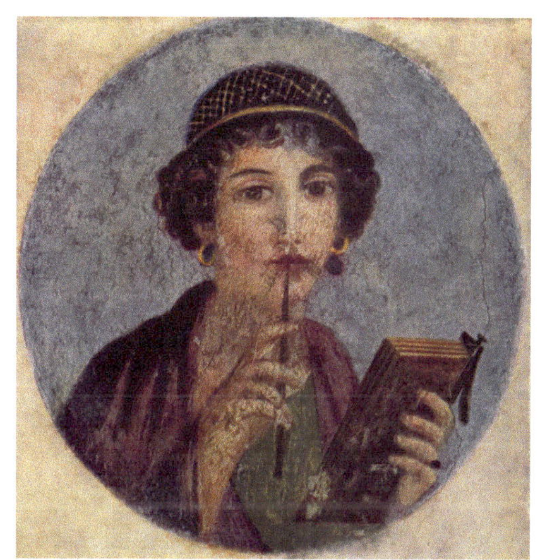

Herkulaneischer Meister
Porträt einer Römerin um 50

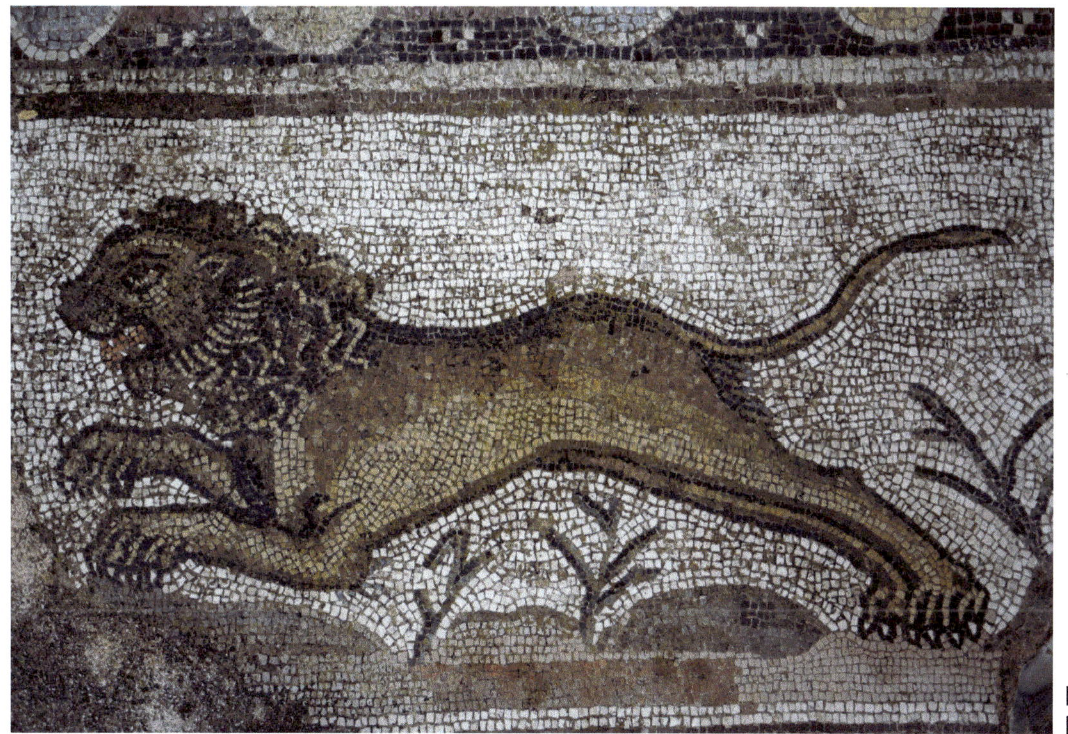

Löwenmosaik aus Paphos, Zypern

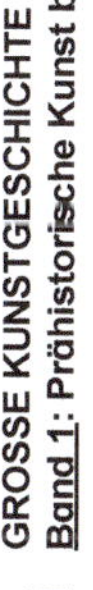

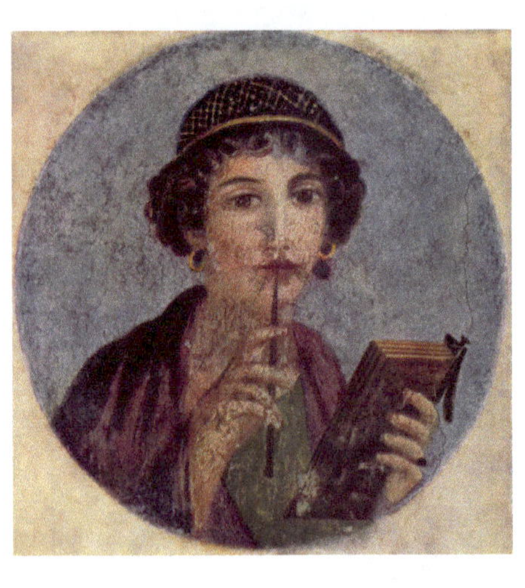

Römische Künstler waren bekannt für ihre sehr gute Porträtkunst. Sie zeigten die Gesichter vereinfacht mit dem Blick zum Betrachter, wie es in dem Porträt als Wandbild einer wohlhabenden Römerin zu sehen ist, gemalt um 50 von einem herkulaneischen Meister.

- Beschreibe das Bild.
- Gestalte es farbig weiter.

Male ein Ganzkörperbild der Person mit Pinseln und Tuschfarben auf einem Zeichenblockblatt.

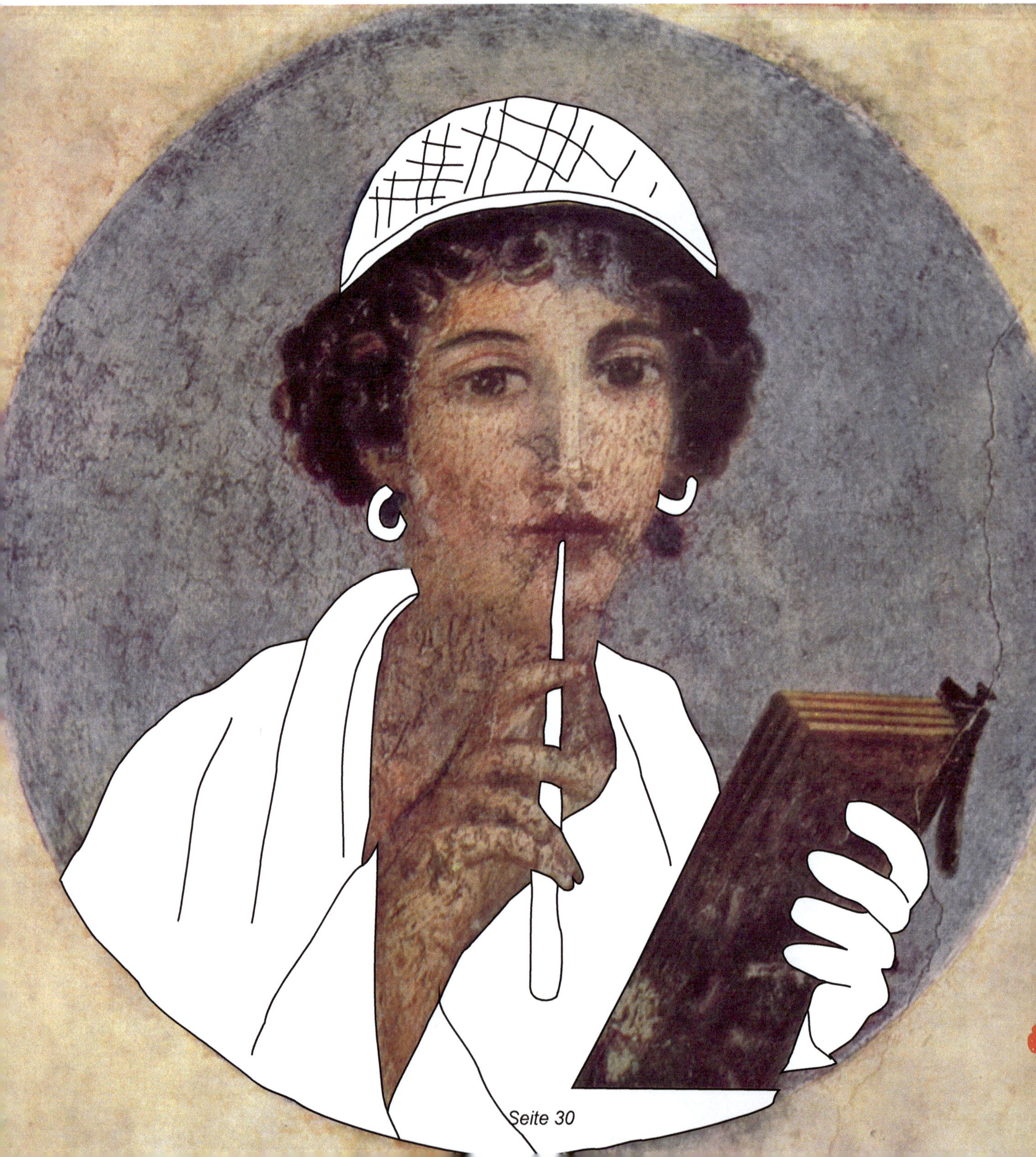

Byzantinische Kunst

um 500 bis 1500

i Das Christentum breitete sich im Römischen Reich trotz Verfolgung weiter aus, die erst unter Kaiser **Konstantin** um 313 beendet wurde. 380 wurde das Christentum unter Kaiser **Theodosius** zur Staatsreligion erhoben. Das Reich bestand seit 395 aus zwei Hälften, dem weströmischen Reich mit Regierungssitz **Rom** und dem oströmischen Reich mit **Byzanz**, dem späteren **Konstantinopel** und heutigen **Istanbul**.
Nach dem Niedergang des weströmischen Reiches gewann das oströmische steigende Bedeutung. Die römische Staats-, Gesellschafts- und Rechtsordnung wurden übernommen und weiterentwickelt.

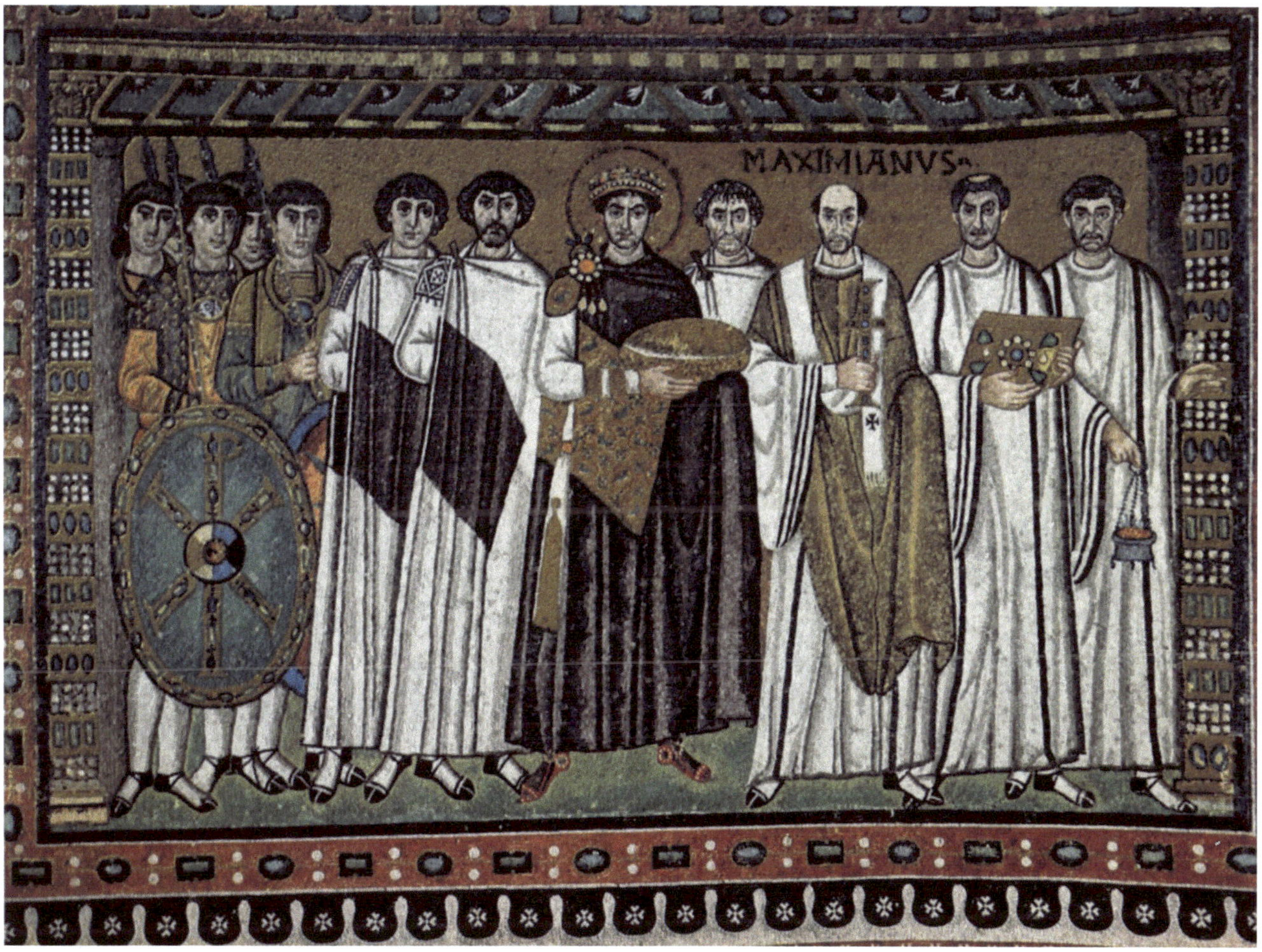

Kaiser Justinian und sein Gefolge (Mosaik) 6. Jahrhundert

Die byzantinische Kunst, die sich aus Elementen der ägyptischen, griechischen und römischen Kunst entwickelte, blühte als christliche auf und zeigte sich ab dem 6. Jahrhundert zunehmend eigenständig. Ihr Ziel war es, den Menschen den Glauben an Gott, die Heiligen und Schriften näherzubringen. Erhaltene Beispiele zeigen Ikone, Mosaike, Fresken, Tafelbilder, Reliefarbeiten und Bilderhandschriften. Träger waren Hof- und Adelskreise und Beamte, Bischöfe und Mönche.
Die byzantinische Kunst breitete sich nicht nur im Gebiet des oströmischen Reiches aus, sondern auch in Osteuropa, Griechenland, Sizilien und Oberitalien.

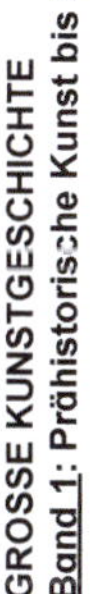

Ihre Zentren waren neben Byzanz die Städte Saloniki, Alexandria, Antiochia und Ravenna. Sie lässt sich in eine frühe, mittlere und späte Phase einteilen.
Viele Kirchenbauten entstanden. Es entwickelte sich eine christliche Architektur mit Rundbögen und Säulen. Das wichtigste Merkmal wurde in Anlehnung an ein griechisches ein gleich langes Längs- und Querschiff und die prächtigen Mosaike.

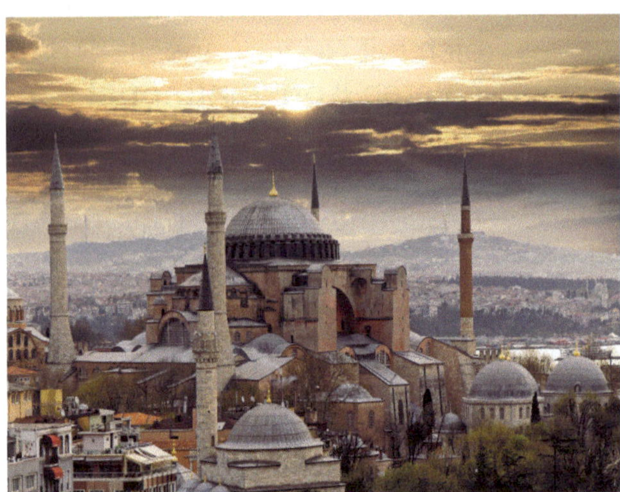

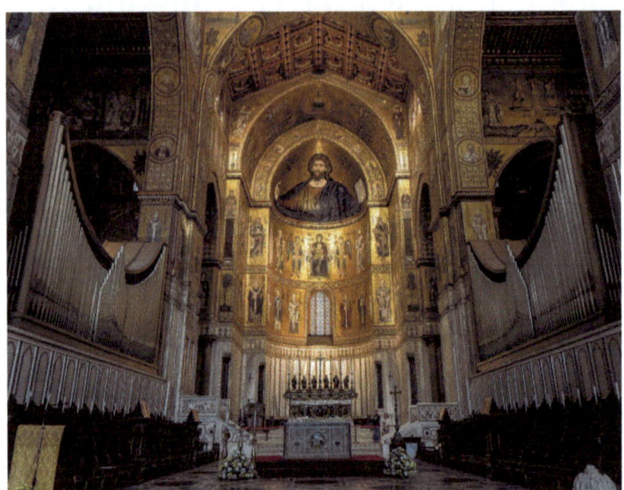

Kaiser **Justinian I.** (482-565) ließ in nur fünf Jahren die bekannte Hauptkirche **Hagia Sophia** (Foto links) mit einer 30 m überspannenden Kuppel, Mosaiken, Dekor und Marmortafeln errichten. 537 wurde sie geweiht. Seit 1453 wurde sie als Moschee genutzt, weshalb sie um vier Minarette erweitert wurde.
Das Christentum der beiden Reiche entwickelte sich auseinander, sodass es 1054 zur Spaltung in eine **römisch-katholische Kirche** im Westen und in eine **römisch-orthodoxe Kirche** im Osten kam. Ein großes Konfliktthema war die Ausstattung der Kirchen. So lehnte im Gegensatz zur römisch-katholischen Kirche die römisch-orthodoxe Kirche Heiligenstatuen ab und sprach sich für Bilder, **Ikonen**, aus, die die Heiligen nur mit Kopf und Oberkörper zeigen sollten. Diese Bilder, die etwas an die Porträts der römischen Kunst erinnern, wurden verehrt. Der **Heilige Lukas** war der Schutzpatron der Maler. Von ihm soll die erste Ikone stammen.
Byzantinische Künstler entwickelten die Mosaikkunst der römischen weiter. Im Inneren der Kirchen schufen sie beeindruckende Mosaike auf goldenem Untergrund mit Szenen aus der Bibel und prächtigen Ornamenten. Ein Beispiel ist das große Mosaik (Foto rechts) über dem Altar der Kathedrale von **Monreale** auf Sizilien. Es stammt aus dem 13. Jahrhundert und zeigt Jesus, wie er seinen Segen gibt.

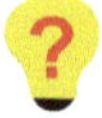

- Nenne die beiden Hälften des ehemaligen römischen Reiches mit ihren Regierungssitzen.
- Beschreibe die Ziele, Formen und Ausbreitungsgebiete der byzantinischen Kunst.
- Welcher war der Hauptgrund der Spaltung in eine römisch-katholische und römisch-orthodoxe Kirche?
- Erkläre den Begriff **Ikone**.

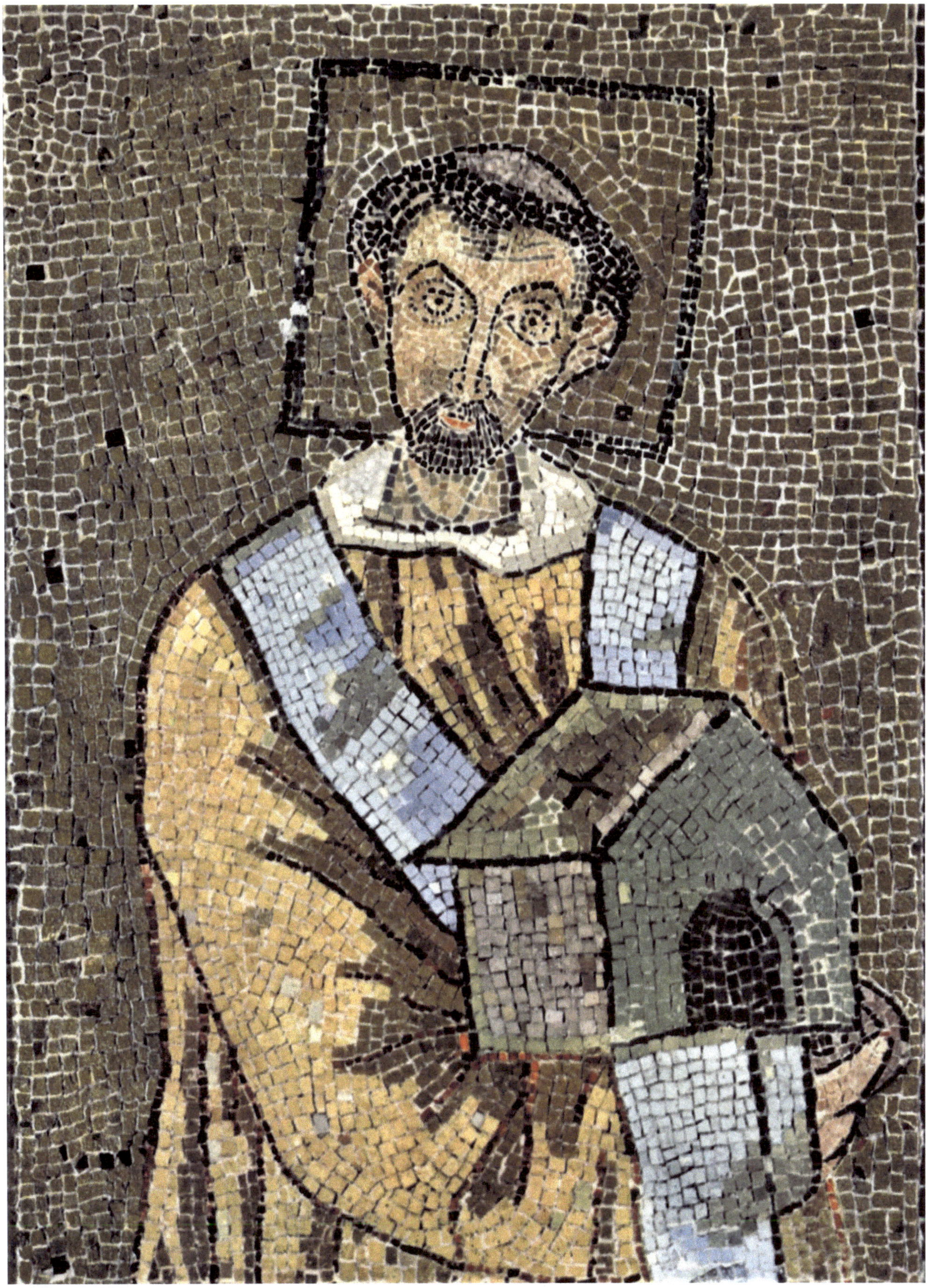

Porträt des Papstes Johannes VII. (Mosaik, Fragment) um 705

Papst Johannes (7. Jahrhundert-707) trägt als Stifter ein Kirchenmodell. Er war bis zu seinem Tod Papst. Das Bild gehört zur frühbyzantinischen Zeit.

Male das Bild großformatig und farbig in deinem Stil ab.

GROSSE KUNSTGESCHICHTE
Band 1: Prähistorische Kunst bis Barock – Bestell-Nr. 12 406

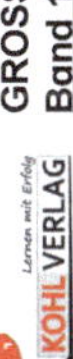

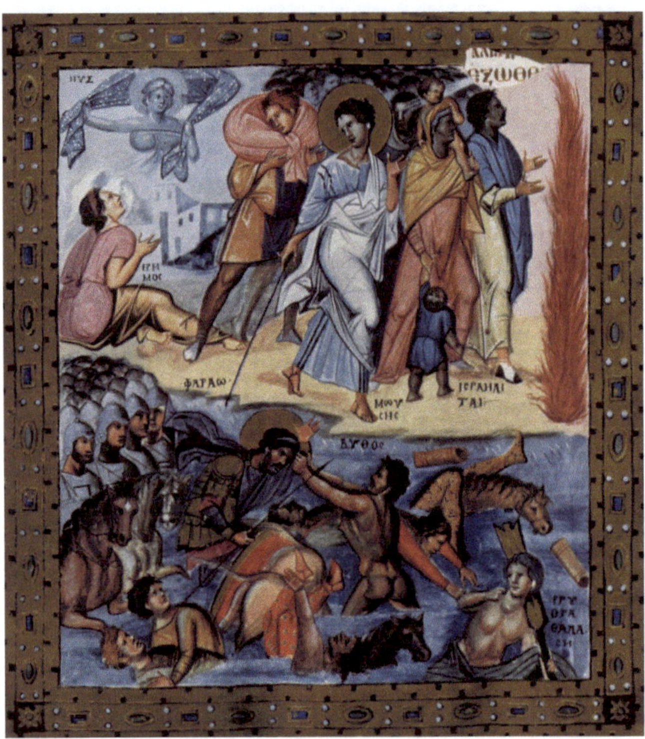

Durchgang durch das rote Meer (Pergament, mittel-byzantinische Buchmalerei) Anfang 10. Jahrhundert

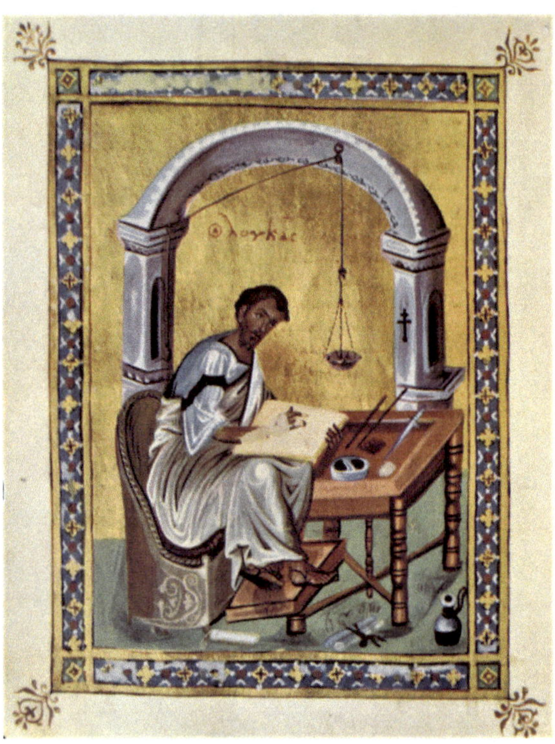

Der Evangelist Lukas lesend 10. Jahrhundert

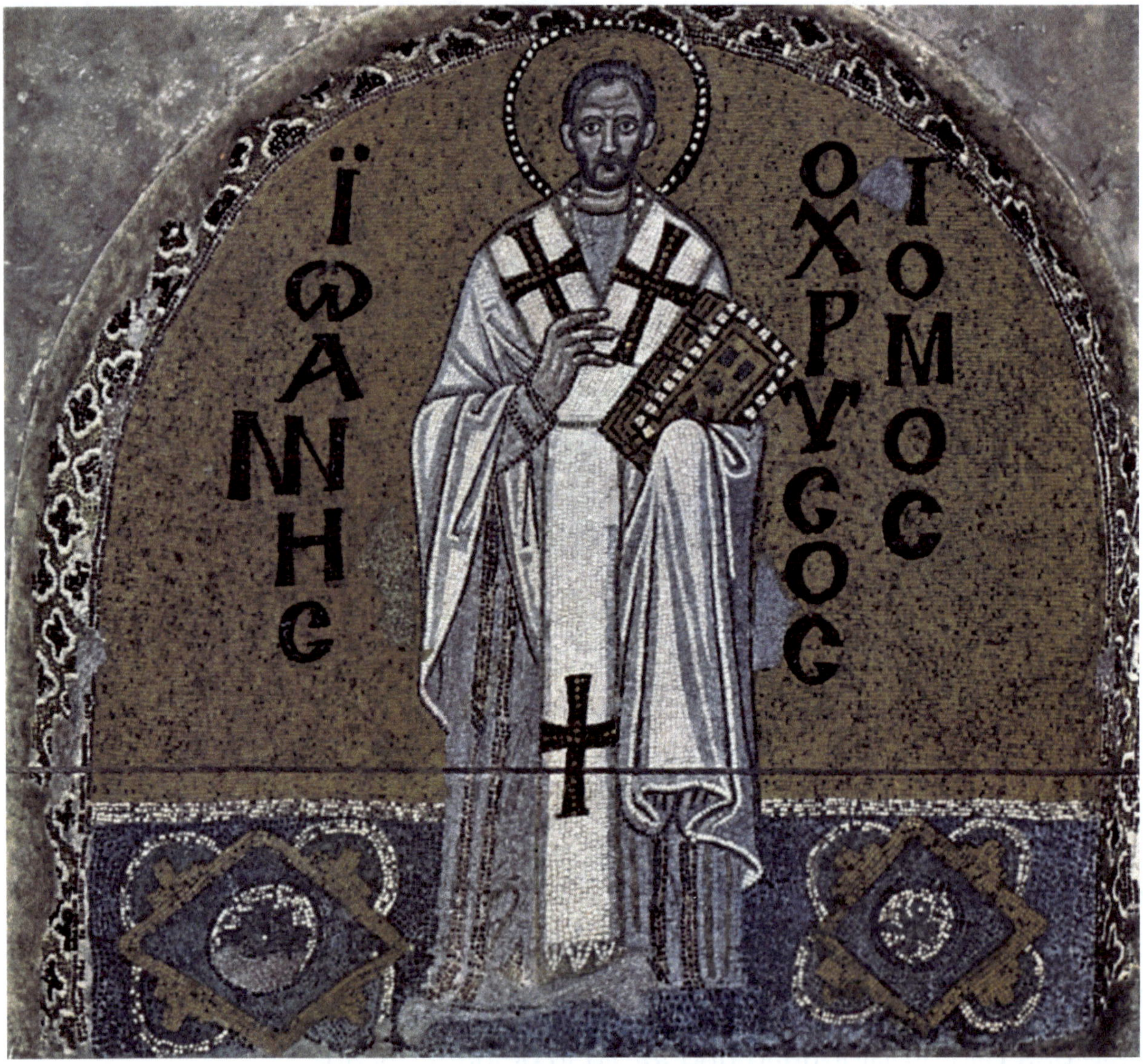

Heiliger Chrysostomus (Mosaik, **Hagia Sophia)** Ende 9. Jahrhundert

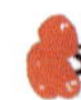

Kaiser Justinian und sein Gefolge
(Mosaik) 6. Jahrhundert

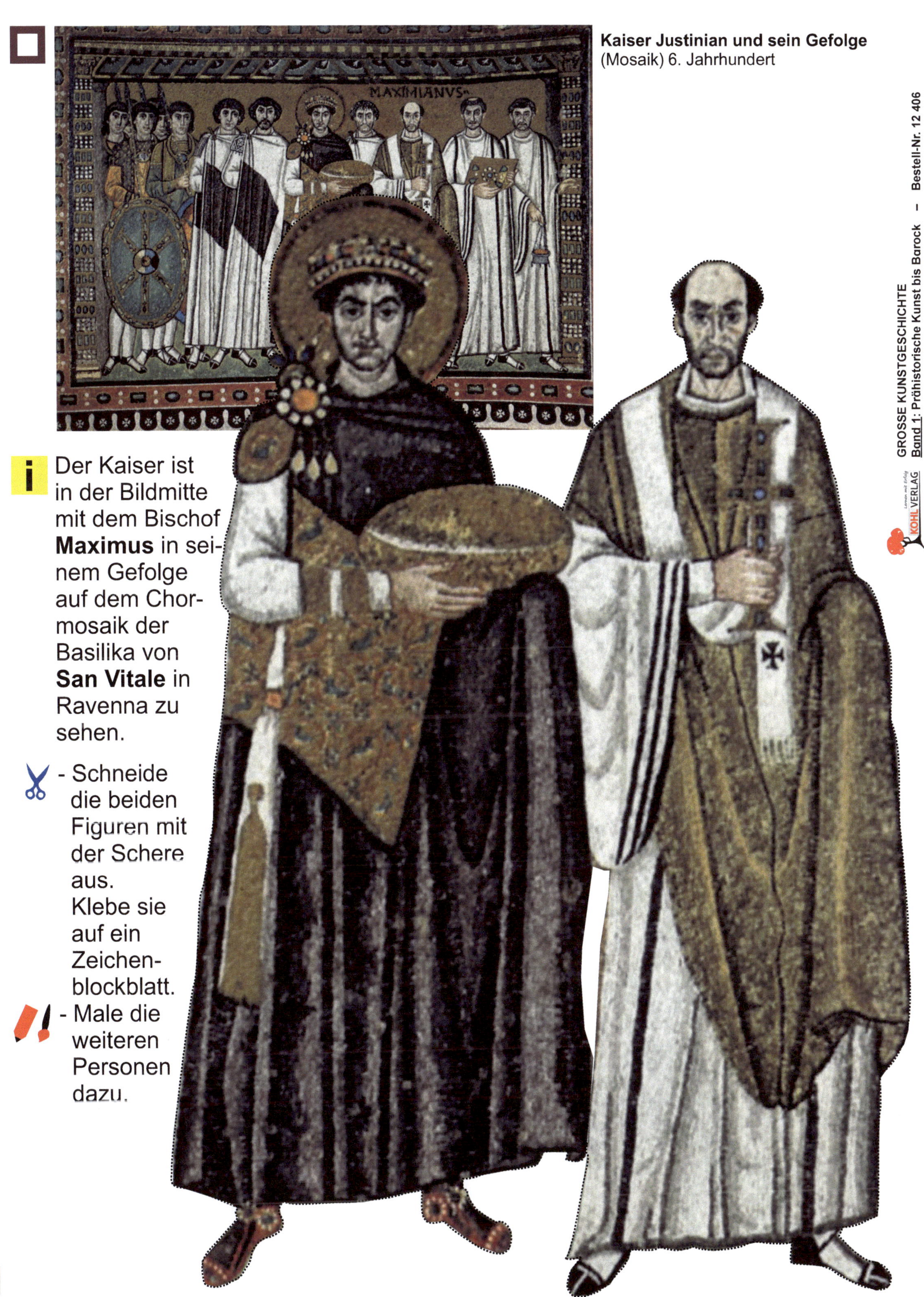

Der Kaiser ist in der Bildmitte mit dem Bischof **Maximus** in seinem Gefolge auf dem Chormosaik der Basilika von **San Vitale** in Ravenna zu sehen.

- Schneide die beiden Figuren mit der Schere aus. Klebe sie auf ein Zeichenblockblatt.
- Male die weiteren Personen dazu.

GROSSE KUNSTGESCHICHTE
Band 1: Prähistorische Kunst bis Barock – Bestell-Nr. 12 406
KOHL VERLAG

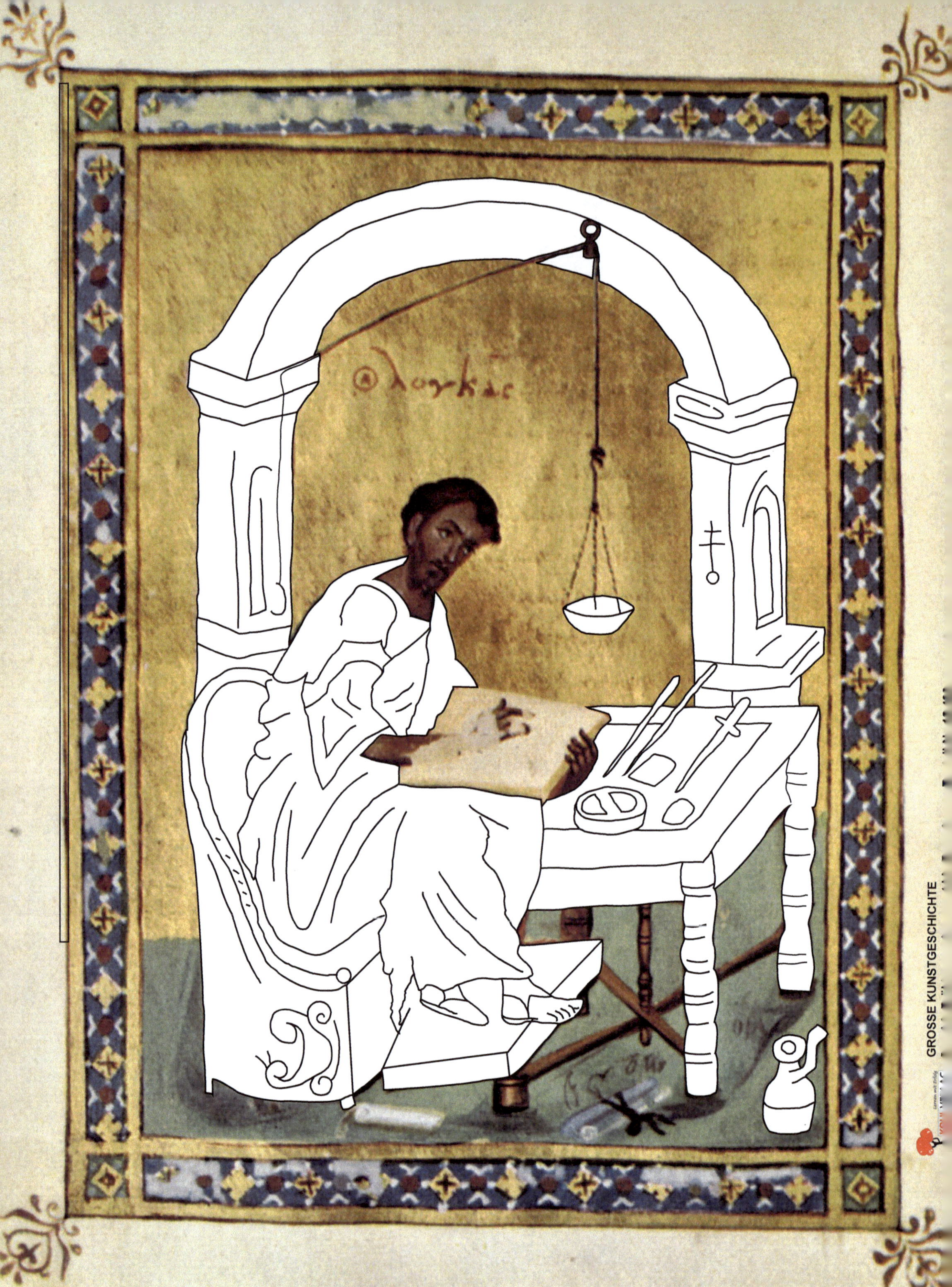

Der Evangelist Lukas lesend 10. Jahrhundert

Male das Bild mit Lukas, Autor der Apostelgeschichte und Jesusjünger, an.

Karolingische Kunst

um 750 bis 900

i Die karolingische Kunst entstand im **Frankenreich** zur Zeit des Kaisers **Karl der Große** (742-814, Foto links) und seiner Nachfolger. Ihr Ausgangspunkt war das christlich-römische, byzantinische und germanische Kulturerbe. Der Name leitet sich von **Karl der Große** ab. Er sah sich als Nachfolger germanisch-keltischer Stämme und weströmischer Kaiser und wollte das Römische Reich erneuern.
Die wesentlichen Merkmale der karolingischen Kunst waren beispielsweise religiöse Motive, Einsatz der Baumaterialien von den Römern, religiöse und weltliche Darstellung der Menschen wie in der römischen Kunst und Ornamente aus dem Pflanzen- und Tierbereich nach germanischem Vorbild.
Sie zeigte sich in der Architektur, Kleinplastik, Buch- und Freskomalerei und Schriftgestaltung.

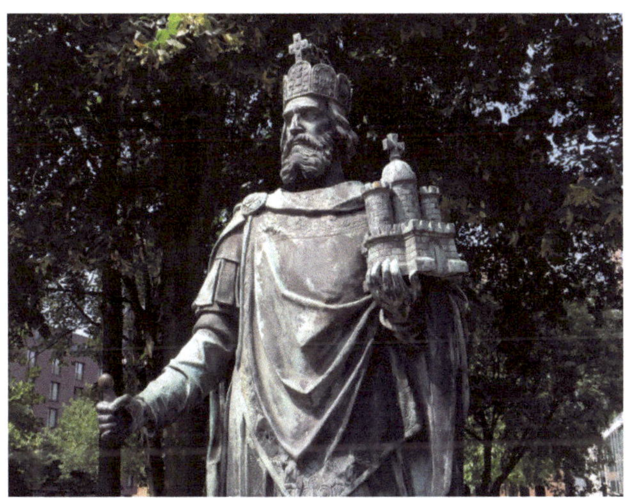

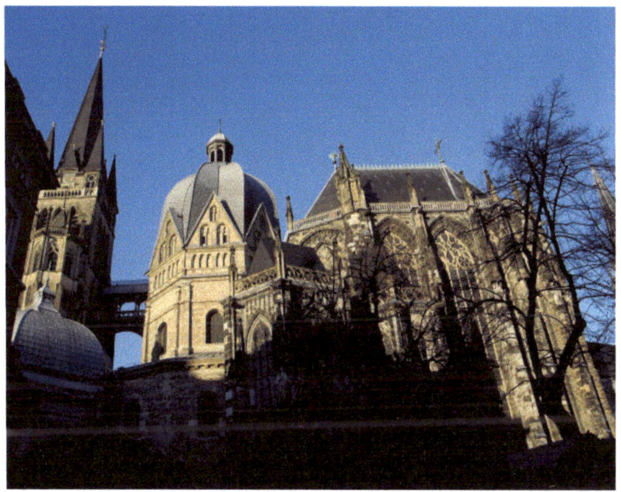

Die Baukunst orientierte sich sehr an Kirchenbauten in Rom und Ravenna. Als Kaiser Karl in Aachen seine Pfalz, einen seiner Herrschaftssitze, errichtete, ließ er die Kapelle, **Aachener Kapelle** (Foto), nach dem Vorbild der Kirche **San Vitale** in Ravenna von **Eudes** (Odo) **von Metz** entwerfen und zwischen 796 und 805 errichten. Sie war achteckig und mehrgeschossig, hatte an der Seite Treppentürme und spätantike Granit-, Porphyr- und Marmorsäulen aus Trier, Ravenna und Rom. Sie galt als der größte Kuppelbau nördlich der Alpen. Bis 1531 wurden in ihr deutsche Kaiser gekrönt.
Viele hochwertige Kleinkunstwerke stammen aus der Epoche: kostbare goldene Buchdeckel, Emaille- und Elfenbeinarbeiten und Altarverkleidungen. Unter den Kleinplastiken ist die 24 cm hohe um 850 geschaffene Bronzestatuette, die wahrscheinlich den Kaiser Karl idealisiert als Reiter zeigt, das beeindruckendste Beispiel.
Großplastiken sind aus dieser Epoche nicht überliefert. Erst später am Ende der ottonischen Kunst gab es sie.

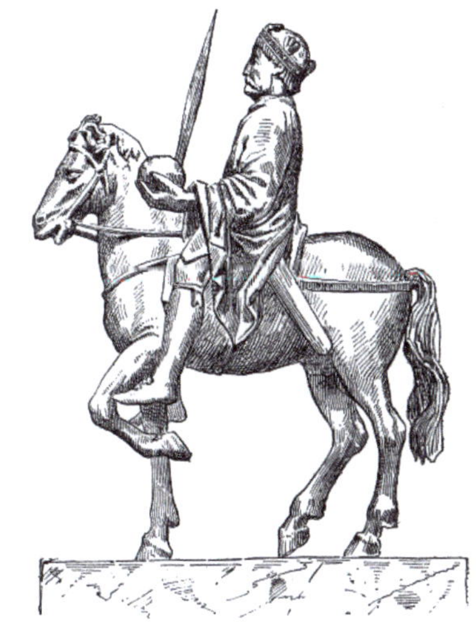

GROSSE KUNSTGESCHICHTE
Band 1: Prähistorische Kunst bis Barock – Bestell-Nr. 12 406
KOHL VERLAG

Schriftquellen berichten von großen Wandmalereien in Palästen, Klöstern und Kirchen. Nur wenige sind heute erhalten geblieben, zum Beispiel im Benediktinerkloster **Corvey**.

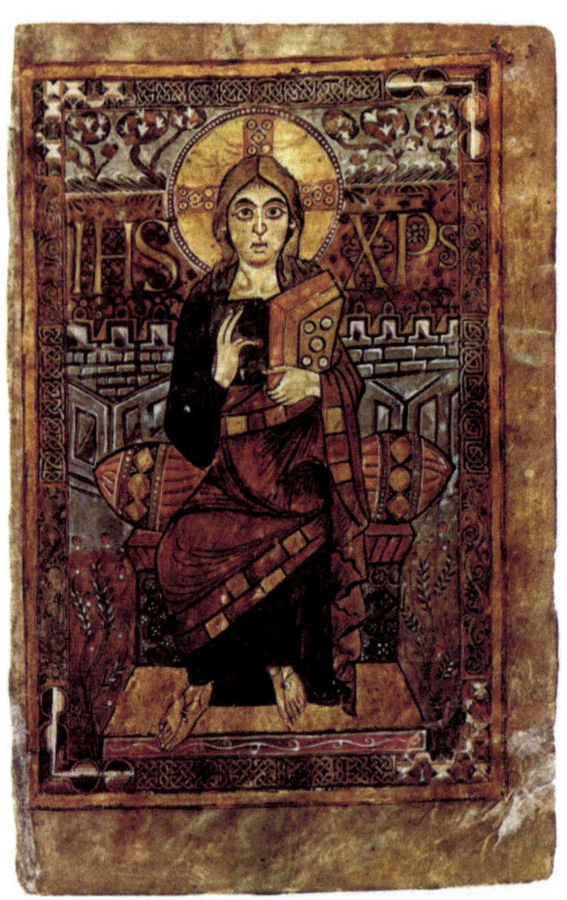

Godescalc-Evangeliar (Szene thronender Christus) 781-783

Viele bedeutsame Schulen gab es für die Buchmalerei, beispielsweise in Lorsch, Metz und Trier. Dazu wurde nicht nur der bildnerische Schmuck, sondern jeder einzelne Buchstabe kunst- und mühevoll auf Pergament gezeichnet, das aus Tierhäuten hergestellt wurde. Papier gab es erst in der Spätphase des Mittelalters in Europa. Die wichtigste Schule war die **Hofschule** Karls des Großen. Er war der Auftraggeber für das **Godescalc- Evangeliar** (Foto), dessen Namengeber sein gleichnamiger Hofschreiber Godescalc war. Es beinhaltet karolingische Miniaturen, Kanontafeln mit ganzseitigen Initialbuchstaben und eine Prachthandschrift mit goldenen und silbernen Buchstaben auf purpurfarbigem Pergamentuntergrund. Seine Entstehungszeit betrug zwei Jahre.

In diesem Evangeliar wie auch in dem **Reichs-Evangeliar** und den **Alkuin-Bibeln** wurden bereits die **karolingischen Minuskeln** benutzt. Der Mönch **Alkuin** soll die Schrift im Kloster von **St. Martin** in Tours mit anderen Gelehrten entwickelt haben. Sie breitete sich schnell als standardisierte Handschrift im westlichen Europa aus, denn sie war auf Grund ihrer gleichmäßig gestalteten Buchstaben leichter zu schreiben und gut zu lesen. Für alle später folgenden Antiquaschriften war sie Ausgangspunkt.

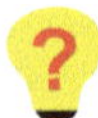

- Erkläre den Ausgangspunkt der karolingischen Kunst.
- Wer war ihr Namengeber?
- Zähle ihre wesentlichen Merkmale auf.
- Nenne ein Beispiel für ein Kleinkunstwerk.
- Beschreibe das Godescalc-Evangeliar.
- Wer hat die karolingischen Minuskeln entwickelt.
- Warum breiteten sie sich schnell aus?

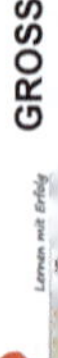

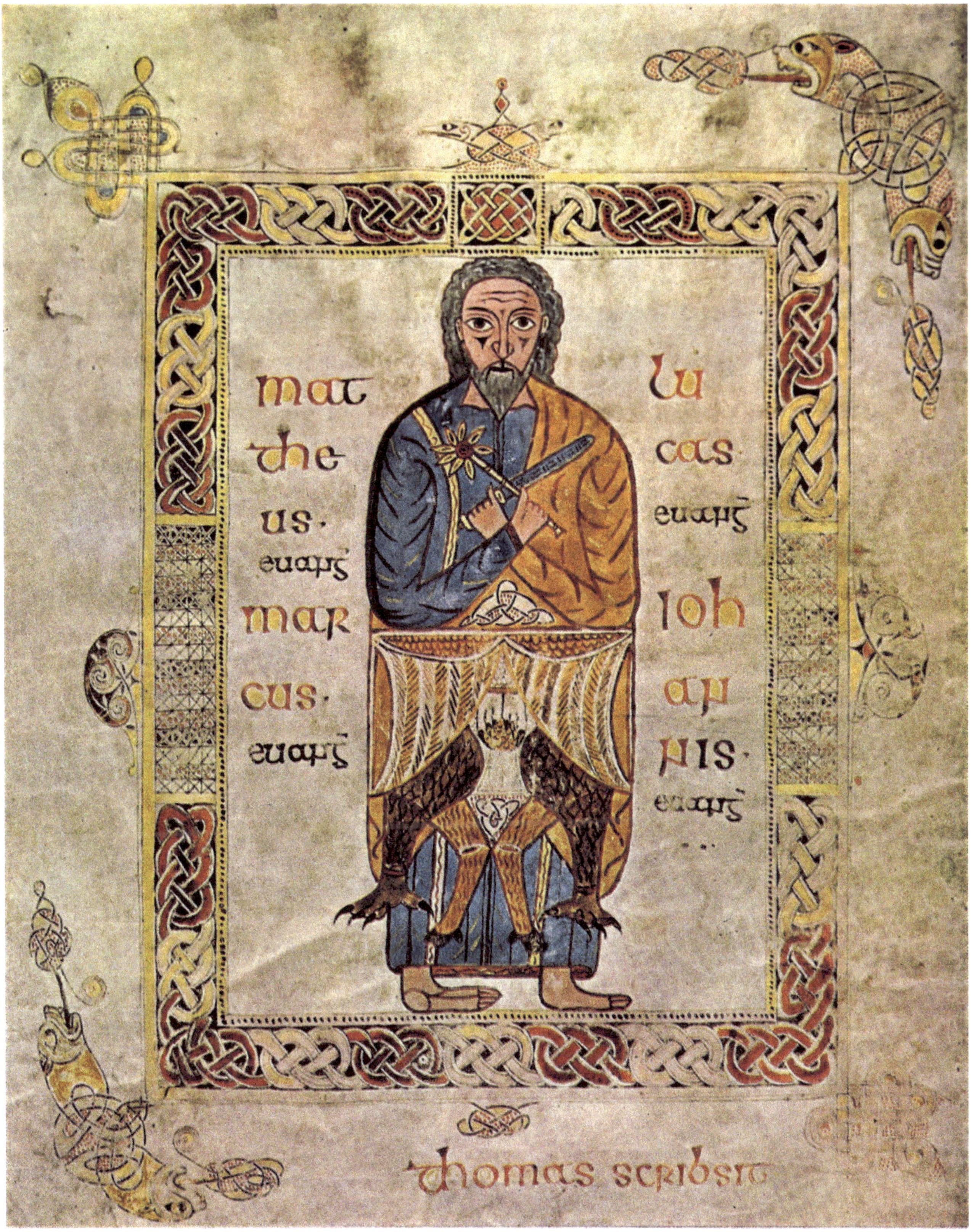

Karolingischer Buchmaler **Evangeliar aus Trier oder Echternach** um 875

Klebe ein Blatt Papier an. Kopiere den Zierrahmen in Farben deiner Wahl und zeichne dorthinein wie in der Darstellung einige der Buchstaben in verschiedenen Größen, einige Wörter oder einen Kurztext.

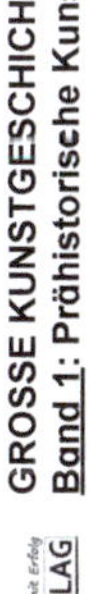

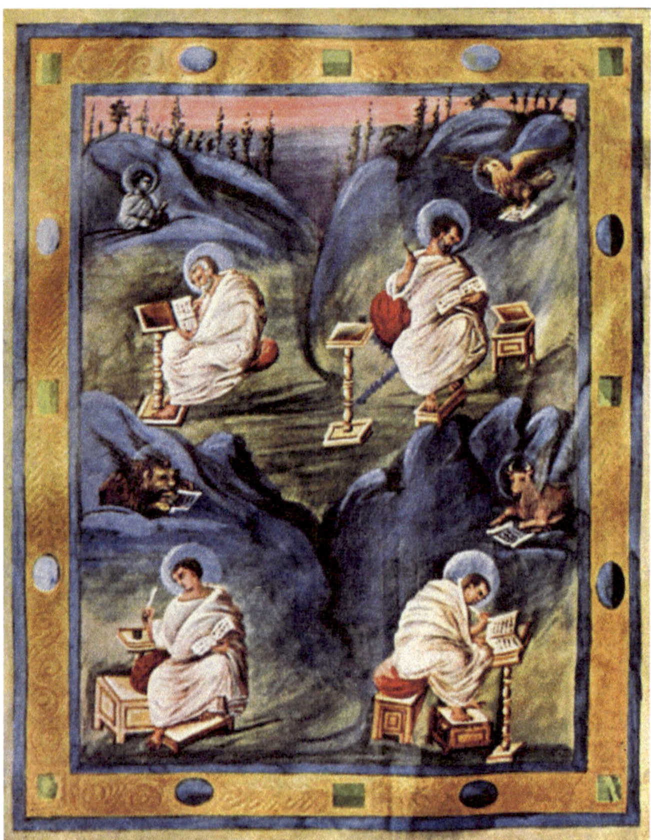

Karolingischer Buchmaler
Die vier Evangelisten (Pergament) um 820

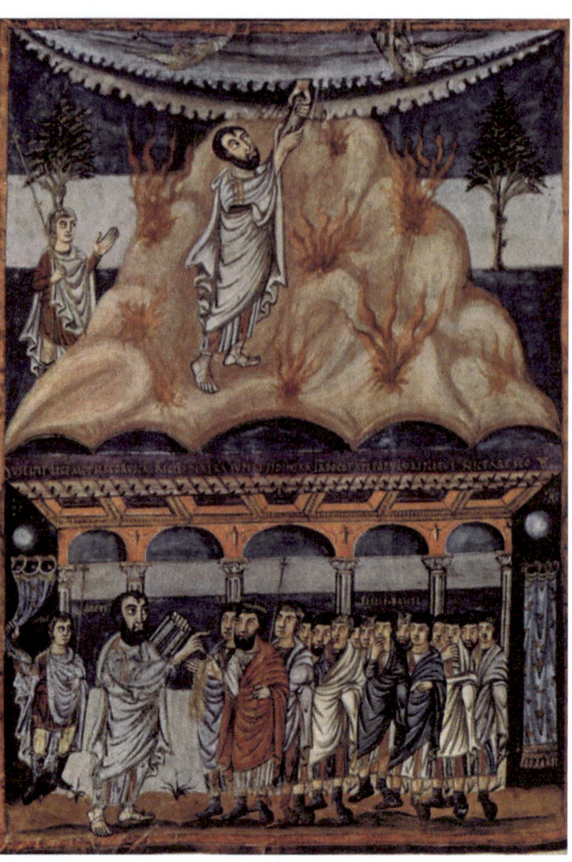

Karolingischer Buchmaler **Moses empfängt die Gesetzestafeln** (Pergament) um 840

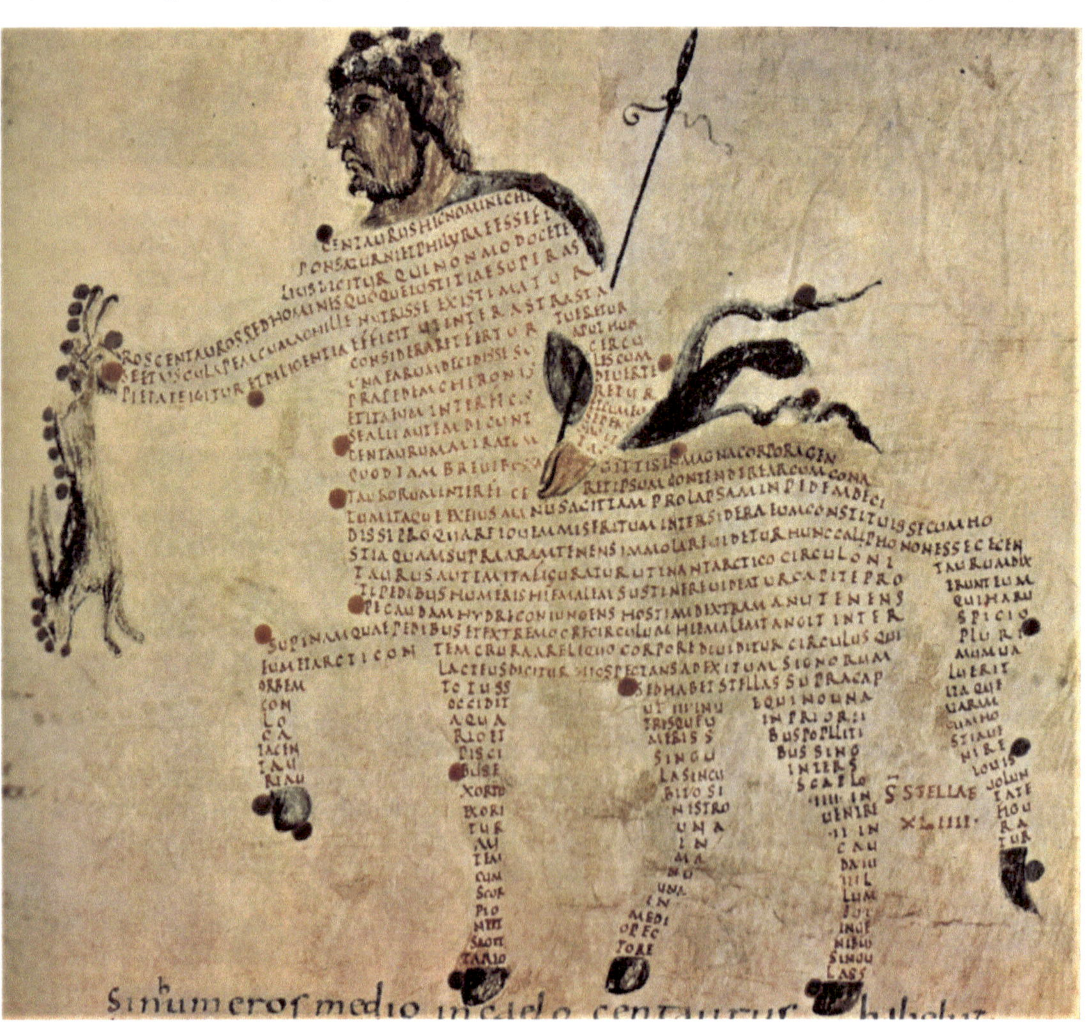

Karolingischer Buchmaler **Aretea - Der Kentauer** (Pergament) 9. Jahrhundert

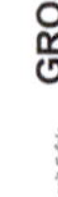

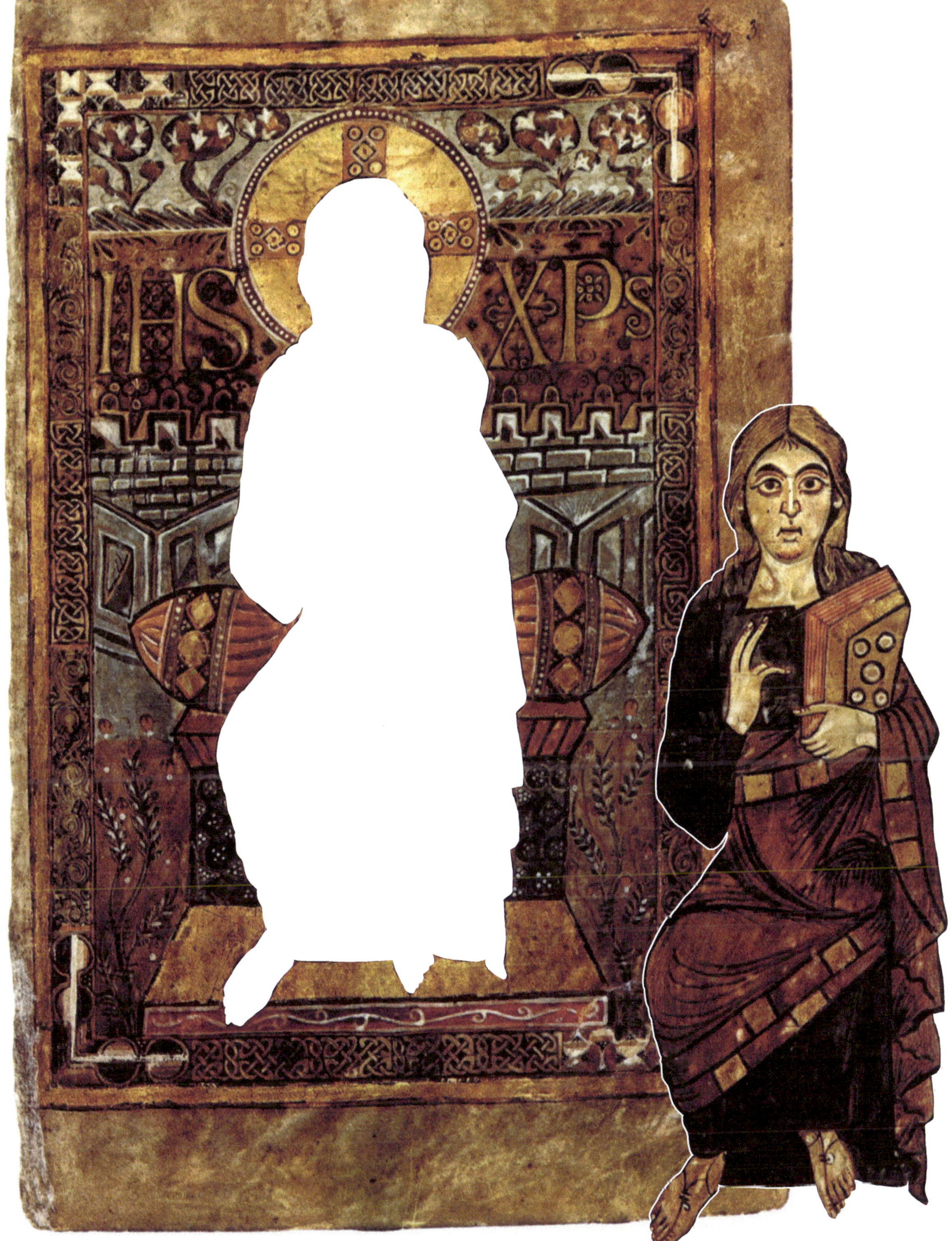

In dem Bild aus dem **Godescalc-Evangeliar** (781-783) siehst du, wie **Christus** auf einem Thron sitzt. Es wurde mit viel Silber und Purpur auf Pergament gemalt. Beide Farben symbolisierten im Mittelalter das Überirdische und Himmlische.

Zeichne Christus in die weiße Bildfläche.

GROSSE KUNSTGESCHICHTE
Band 1: Prähistorische Kunst bis Barock – Bestell-Nr. 12 406
KOHL VERLAG

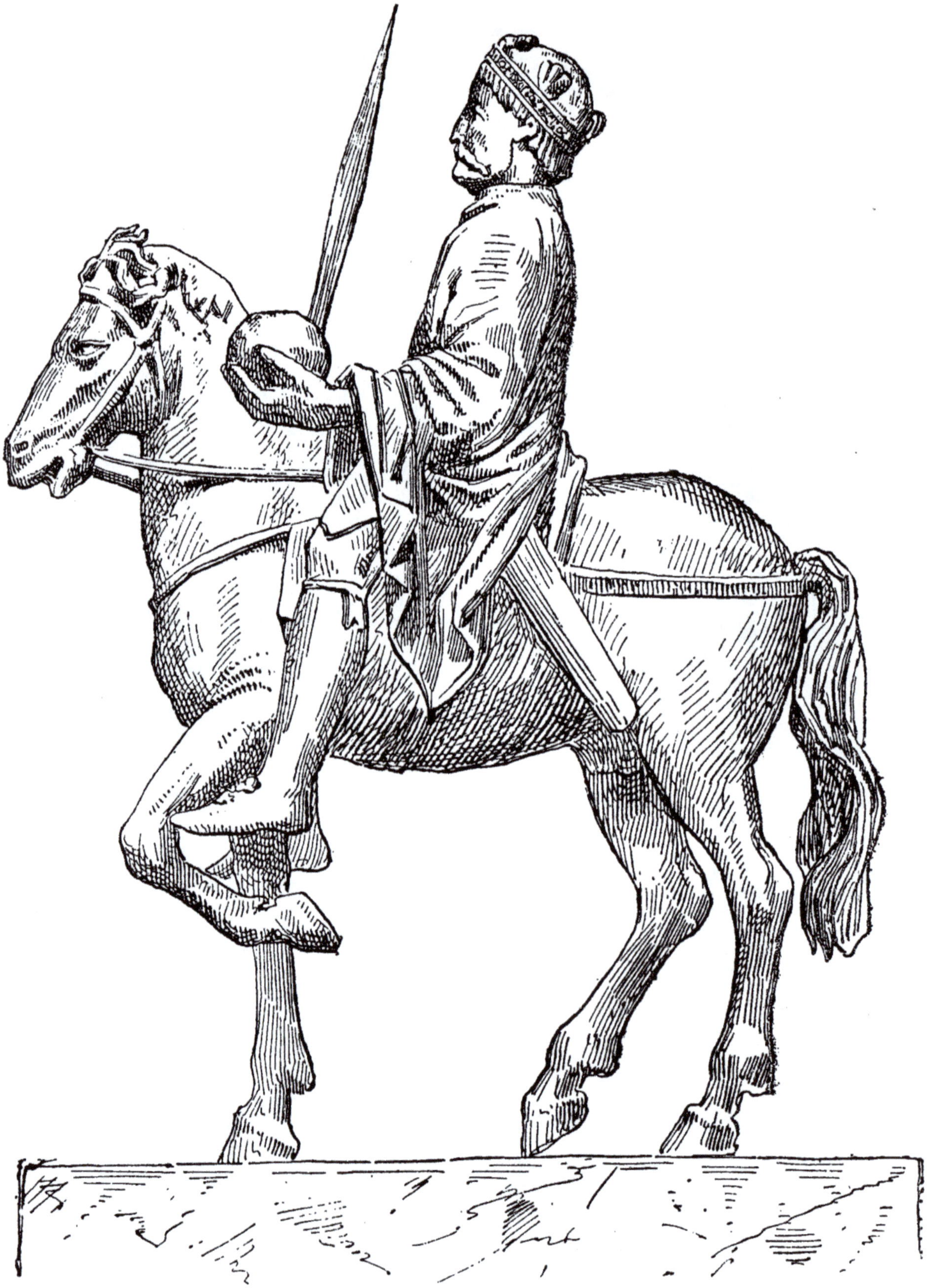

Reiterstatuette Karls des Großen (Zeichnung) um 850

Die Grafik zeigt eine kleine gegossene Statuette, die ursprünglich vergoldet war. Reiter und Pferd wurden einzeln hergestellt. Das Aussehen des Gesichtes Karls des Großen orientierte sich an den Beschreibungen seines Biografen **Einhard**.

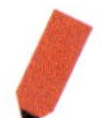
Male das Bild an.

Romanik

um 1000 bis 1250

Der Begriff **Romanik** stammt von dem französischen Archäologen **Charles Duhérissier de Gerville** aus dem 19. Jahrhundert. Er erkannte, dass in dieser Kunstepoche der Rundbogenstil der römischen Architektur sich über Westeuropa ausgebreitet hatte. Stilelemente kamen nicht nur aus dem römischen und byzantinischen, sondern auch mit der Tierornamentik aus dem germanischen und mit der Rundbogenornamentik aus dem arabischen Raum. In den Kunstwerken waren christliche Inhalte die Themen.
Zeitlich wird die Epoche in drei Phasen eingeteilt: **Frühromanik** (um 1000-1024), **Hochromanik** (1024-1150) und **Spätromanik** (1150-1250).

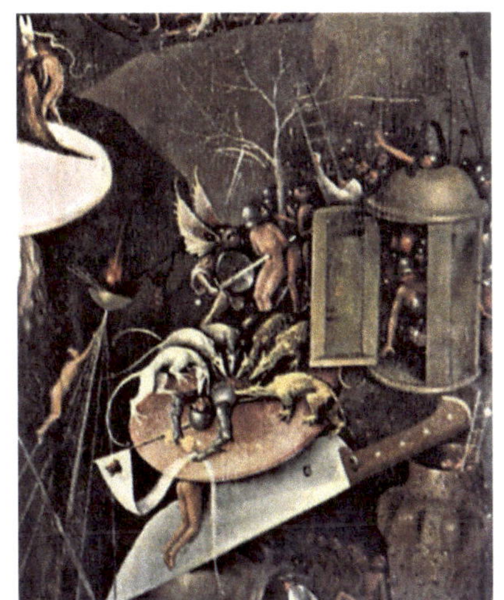

In dieser Zeit war das Leben der Menschen streng durch die Religion geprägt. Bereits geringfügige Vergehen wurden geächtet und bestraft. Weltliches und Christliches waren nahezu eine Einheit.
Bischof **Otto von Freising** verkündete um 1150: „Je mehr einer im diesseitigen Leben durch Glaube und Liebe gewirkt hat, desto näher wird er in dem Glanz des göttlichen Lichtes stehen."
Die romanische Kunst unterstützte die Einstellung. Das später von dem Künstler **Hieronymus Bosch** um 1500 geschaffene Kunstwerk **Der Garten der Lüste** (links, Ausschnitt: Die Hölle) zeigt in übertriebener Art und Weise die sehr furchtsame Vorstellung der Menschen im Mittelalter von der Hölle, dem Bösen und dem Grausamen.

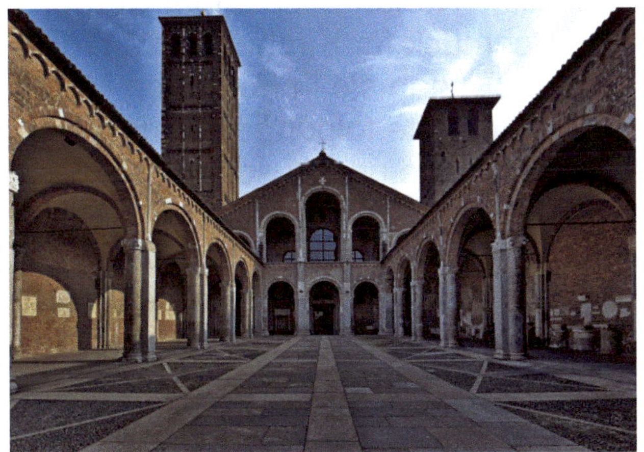

Basilika Sant' Ambrogio (Mailand) 11.-12. Jahrhundet

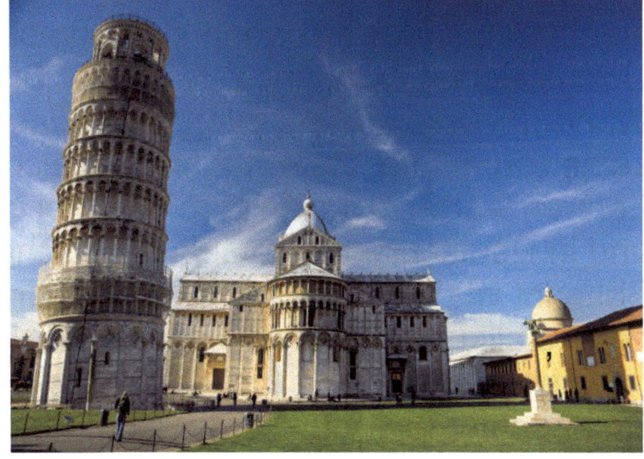

Dom von Pisa (Pisa) 11.-12. Jahrhundet

Die wesentlichen Kennzeichen der Kirchen waren die Rundbögen (Foto links) an Fenstern, Portalen, Arkaden und Galerien, das Kreuz als Gebäudegrundriss, erhöhtes Mittelschiff und zwei niedrigere Seitenschiffe, Chor mit Apsis und Pfeiler und Säulen. Die Außenwände aus Naturstein waren besonders massiv.
In Italien war der Stil an Kirchenbauten zierlicher und eleganter. Fassaden wurden mit weißem Carraramarmor verkleidet. Die Säulen der Galerien waren frei stehend. Der **Dom von Pisa** (Foto rechts) ist beispielhaft. Sein Grundriss ist

GROSSE KUNSTGESCHICHTE
Band 1: Prähistorische Kunst bis Barock – Bestell-Nr. 12 406
KOHL VERLAG

kreuzförmig. Er ist besonders durch seinen schiefen Turm, dem Glockenturm, berühmt geworden. Bereits in der Bauzeit neigte er sich zur Seite.
In der Romanik gab es die Plastik anfangs als Relief. Die Materialien waren hauptsächlich Holz und Stein. Daneben wurden Gold und Elfenbein eingesetzt. Werkstätten gab es in Aachen, Essen, Hildesheim, Köln, Regensburg und Trier.

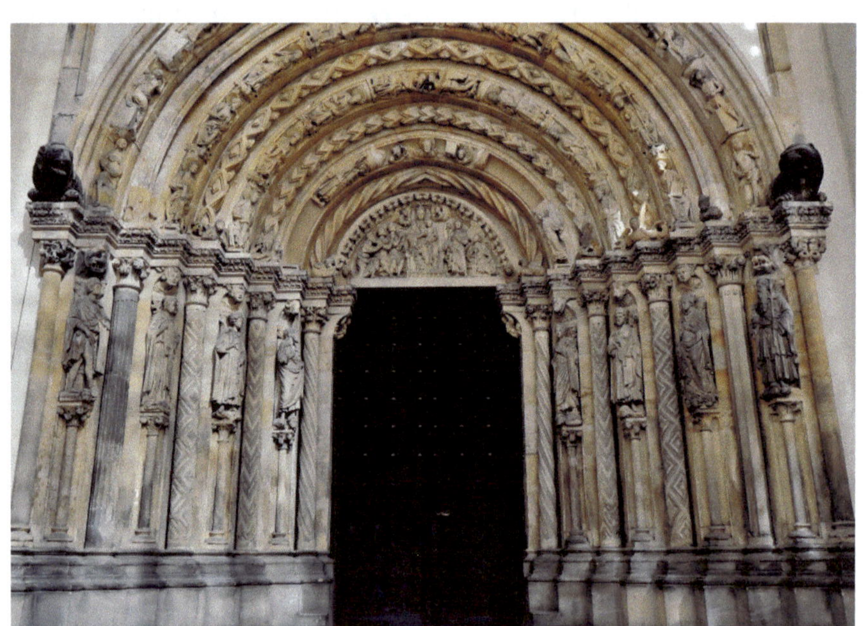

Am bekanntesten ist die um 1230 geschaffene **Goldene Pforte** (Foto) am **Dom zu Freiberg** in Sachsen. Das **Tympanon**, die Fläche über dem Türsturz, zeigt Maria. Über den Bögen sind Reliefs mit figürlichen und ornamentalen Inhalten zu sehen. In der Leibung sind Figuren aus dem Alten Testament dargestellt.
Ebenfalls sehr bekannt sind die zwölf Stifterfiguren (um 1250) im **Naumburger Dom** aus der Spätromanik. Sie zeigen Personen, die der Kirche höhere Beträge stifteten. Ein Künstler, der **Naumburger Meister**, der möglicherweise in Nordfrankreich sein Handwerk gelernt hatte, stellte ein Markgrafenpaar aus einem Steinblock so her, als würde es aus der Wand heraustreten. Von ihm sind auch die Steinfiguren im **Meißner Dom** hergestellt.
Vollplastiken, die meistens Beiwerk an Bauten waren, waren selten.
Die romanische Malerei, die als **Ars Sacra** (Heilige Kunst) bezeichnet wurde, war bedeutend, auch wenn sie hauptsächlich Schmuck für Kirchenbauten, die Heilige Schrift und andere religiöser Bücher war. Es gab sie in Form von Mosaik, Wand- (Fresko),Tafel-, Buch- und Glasmalerei. Sie hatte folgende Stilmerkmale: keine Raumtiefe, feste Konturen, Zeichen und Symbole und Ausdrucksstärke. Zentren waren in Italien zum Beispiel das Kloster **Monte Cassino**, Rom, Mailand und in Deutschland das Gebiet zwischen Rhein und Elbe und Regensburg.
Bekannt ist die Illustration der Bibel eines englischen Malers. Sie wurde um 1220 hergestellt und trägt den Titel **Der Christus der Apokalypse**. Im oberen Teil sitzt in einem Rhombus Jesus über einer großen Gruppe gekrönter Figuren.
Das Fenster des Augsburger Domes zeigt eine in der 1. Hälfte des 12. Jahrhunderts entstandene Farbglasmalerei eines unbekannten süddeutschen Meisters mit dem Titel **Der Prophet Daniel**.

- Wer prägte den Begriff **Romanik**?
- Erkläre die Aussage „Das Leben der Menschen war durch die Religion geprägt."
- Zähle die wesentlichen Kennzeichen der romanischen Kirchen auf und nenne ein Beispiel.
- Beschreibe **die Goldene Pforte**.
- In welchen Formen gab es die Malerei?

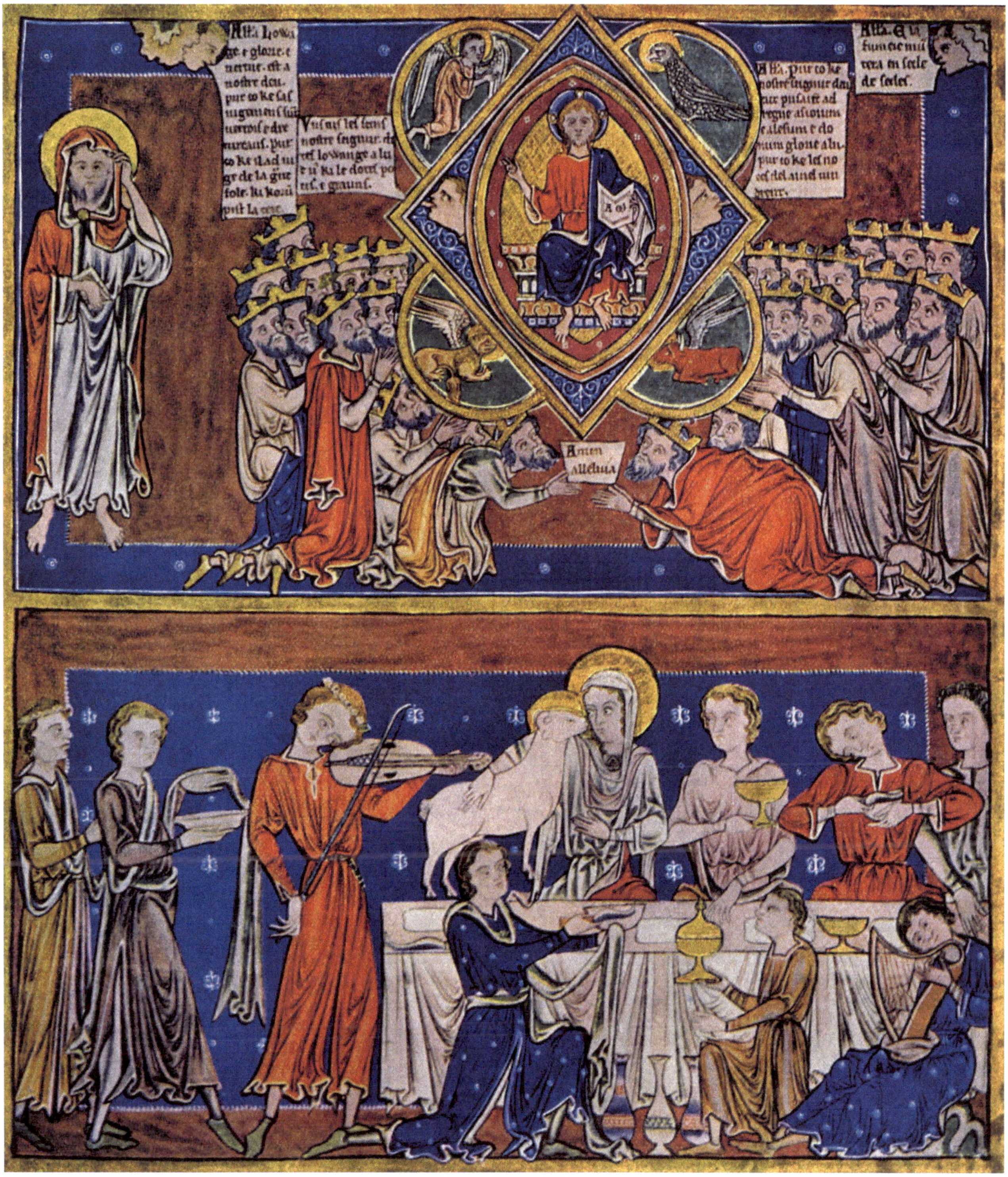

Englischer Meiser **Der Christus der Apokalypse** (Buchmalerei, Pergament) um 1220

i Das Bild besteht aus zwei Teilen. Jesus thront im oberen Teil über 24 Älteste, die gekrönt wiederum auf Thronen sitzen und ihm huldigen. Sie tragen lange weiße Gewänder. Jesus wird von einem Rhombus umrahmt, an dessen Seiten vier Figuren, Löwe, Stier, Adler und Engel, dargestellt sind. Links steht vergrößert Johannes und scheint die Szene wahrzunehmen.

Beschreibe den unteren Bildteil mit dem Lamm Gottes.

GROSSE KUNSTGESCHICHTE
Band 1: Prähistorische Kunst bis Barock – Bestell-Nr. 12 406

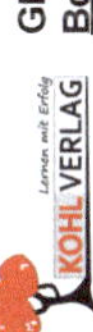

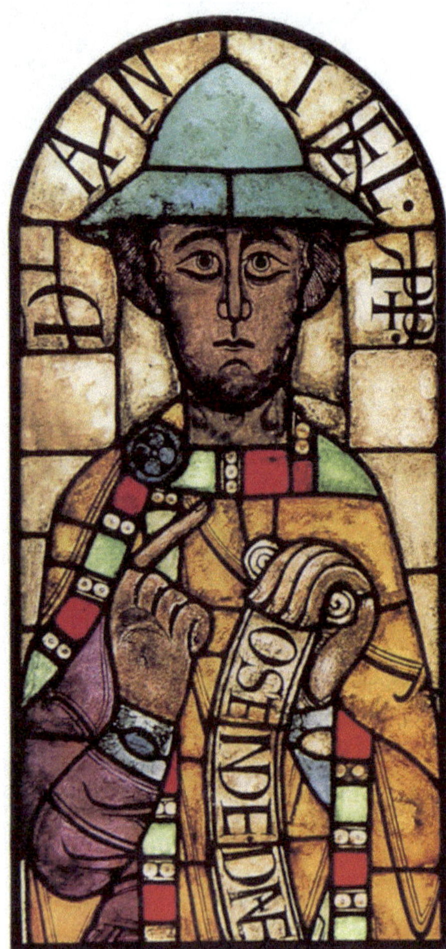

Süddeutscher Meister
Der Prophet Daniel (Glasmalerei)
1. Hälfte 12. Jahrhundert

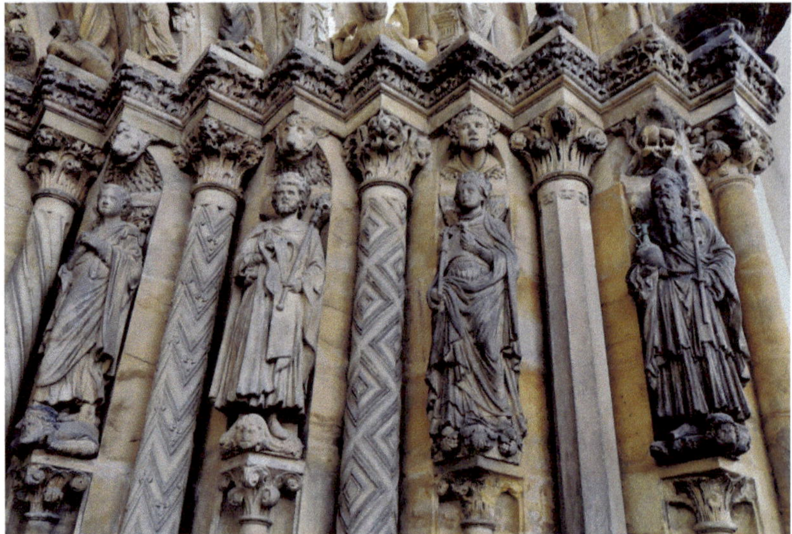

Goldene Pforte (Dom zu Freiberg, Statuenportal Pfortenseite)
um 1230

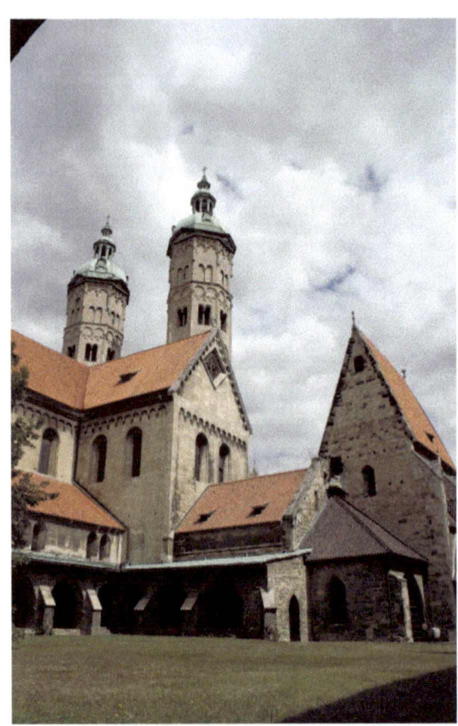

Naumburger Dom

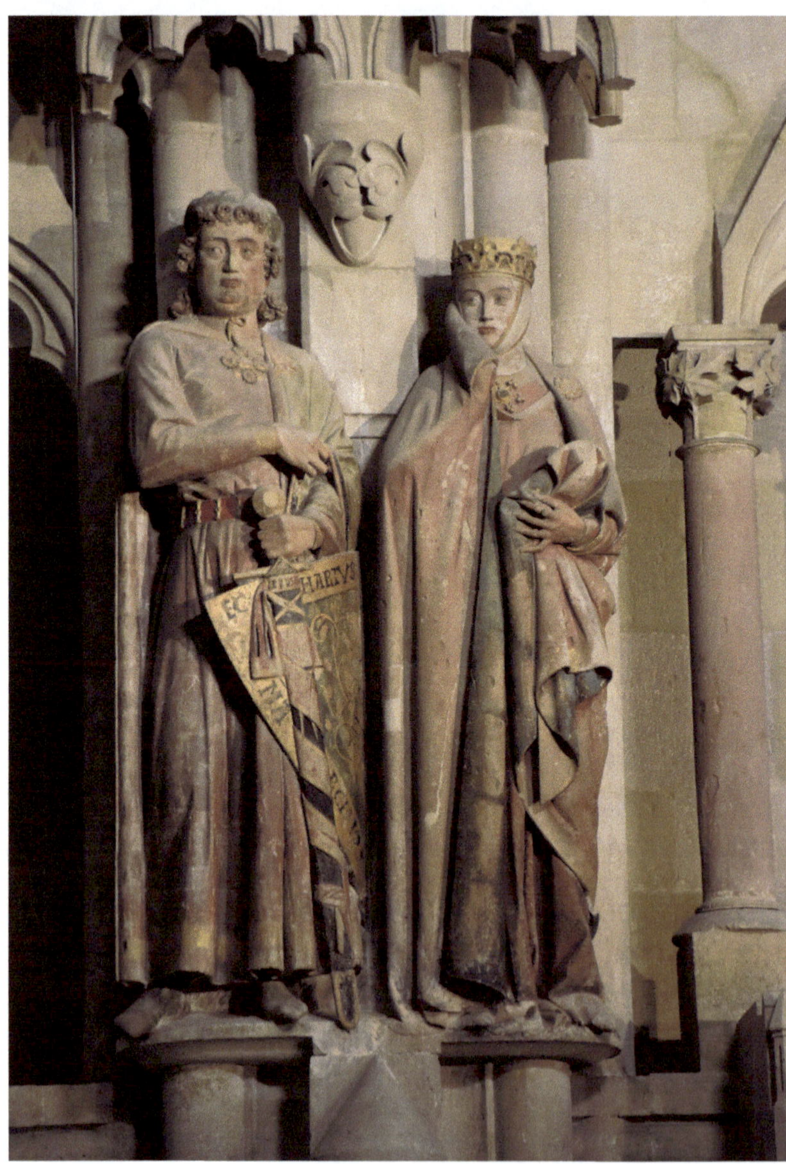

Uta und Eckehard (Stifterfiguren, Westchor des Naumburger Doms)
um 1250

GROSSE KUNSTGESCHICHTE

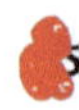

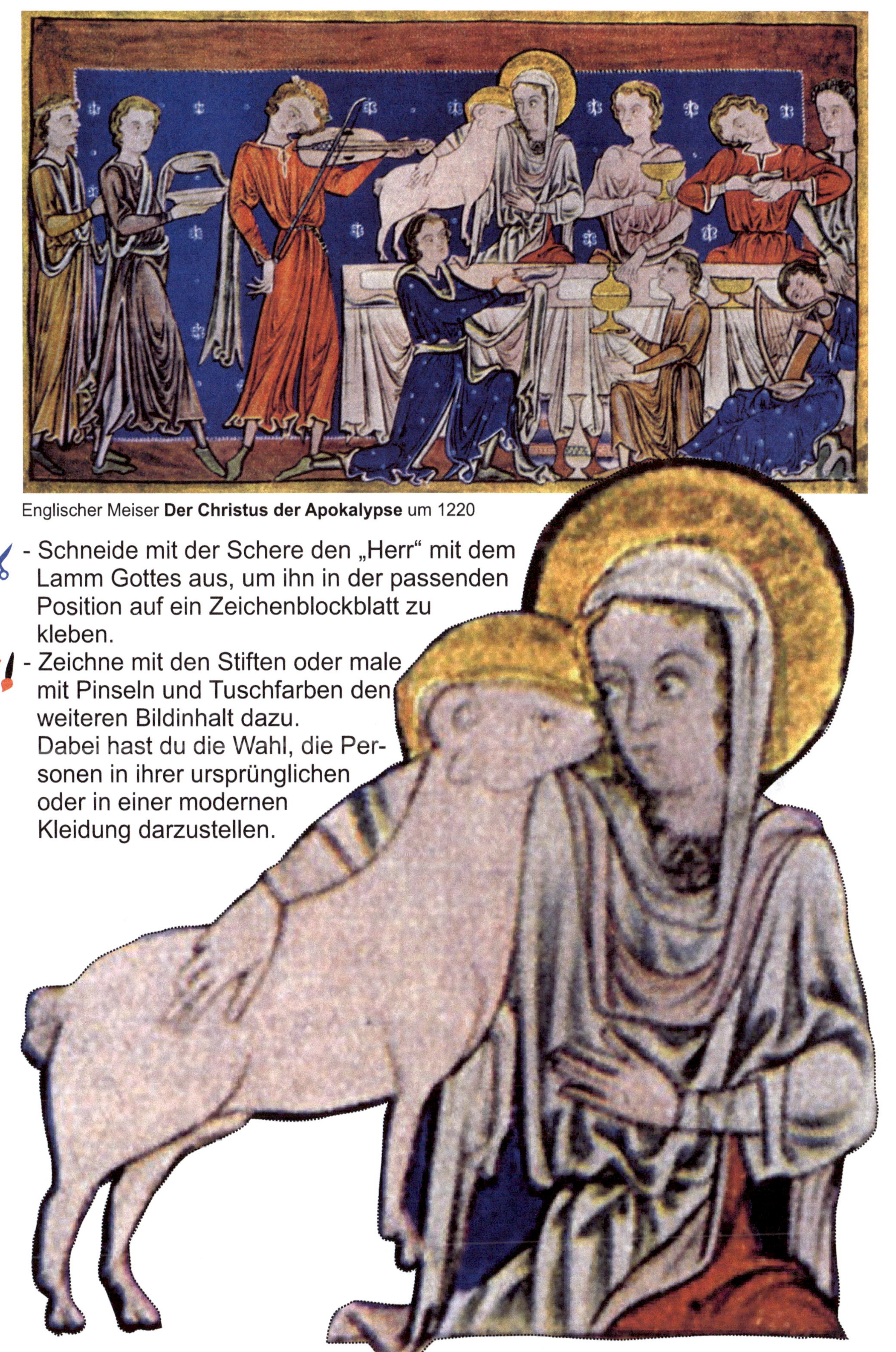

Englischer Meiser **Der Christus der Apokalypse** um 1220

- Schneide mit der Schere den „Herr“ mit dem Lamm Gottes aus, um ihn in der passenden Position auf ein Zeichenblockblatt zu kleben.
- Zeichne mit den Stiften oder male mit Pinseln und Tuschfarben den weiteren Bildinhalt dazu. Dabei hast du die Wahl, die Personen in ihrer ursprünglichen oder in einer modernen Kleidung darzustellen.

GROSSE KUNSTGESCHICHTE
Band 1: Prähistorische Kunst bis Barock – Bestell-Nr. 12 406
KOHL VERLAG

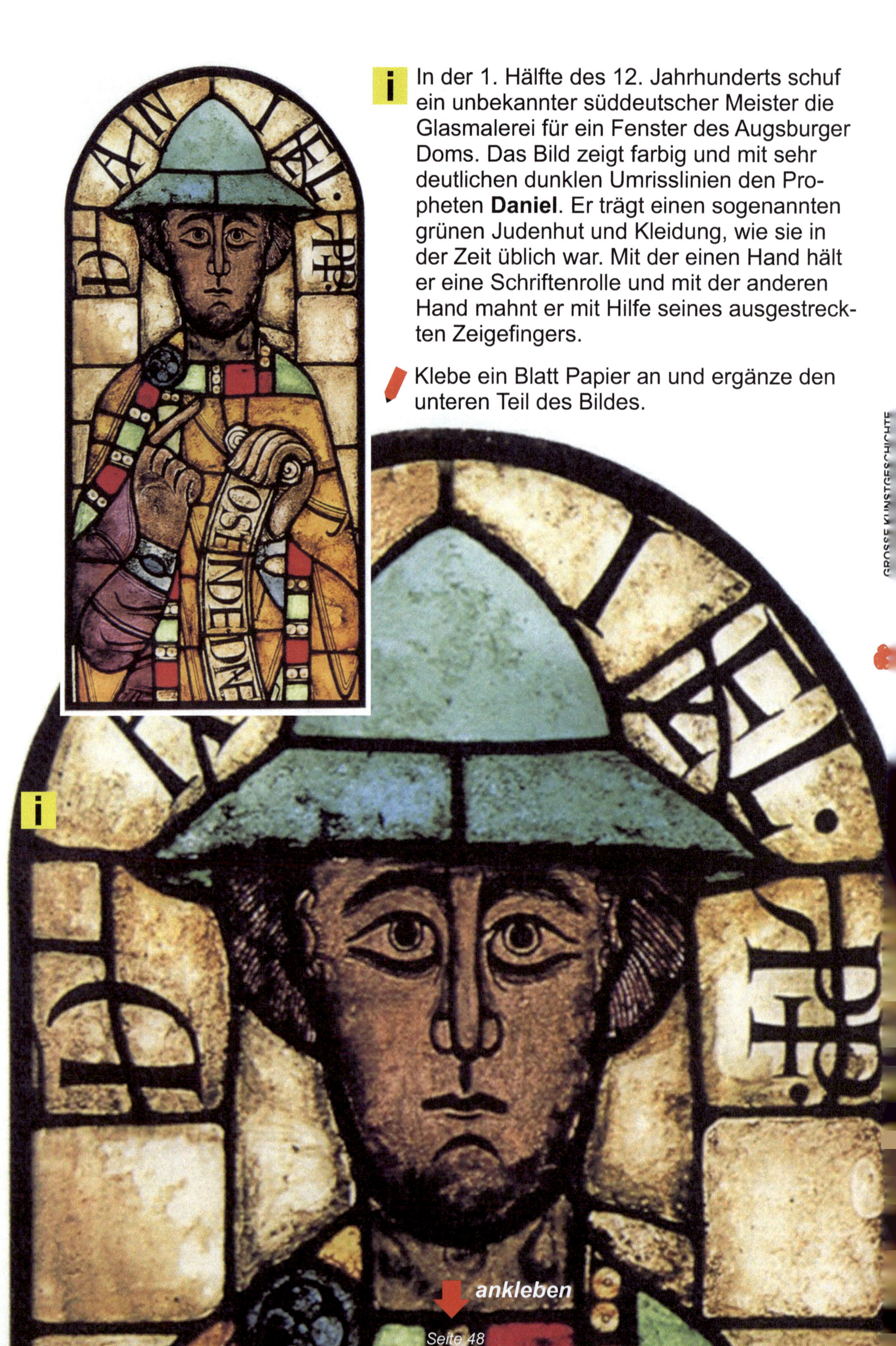

In der 1. Hälfte des 12. Jahrhunderts schuf ein unbekannter süddeutscher Meister die Glasmalerei für ein Fenster des Augsburger Doms. Das Bild zeigt farbig und mit sehr deutlichen dunklen Umrisslinien den Propheten **Daniel**. Er trägt einen sogenannten grünen Judenhut und Kleidung, wie sie in der Zeit üblich war. Mit der einen Hand hält er eine Schriftenrolle und mit der anderen Hand mahnt er mit Hilfe seines ausgestreckten Zeigefingers.

Klebe ein Blatt Papier an und ergänze den unteren Teil des Bildes.

ankleben

Gotik

um 1150 bis 1500

i Den Begriff **Gotik** benutzte erstmals **Giorgio Vasari** (1511-1574), italienscher Architekt, Hofmaler und Biograf italienischer Künstler. Er entlehnte ihn von den zwei Wörtern **Maniera Gotica** von den Goten. Eigentlich war das Wort beleidigend, denn es bedeutete in der Eigenschaftsform **barbarisch** und **fremdartig**. Bezeichnet wurde anfangs damit ein neuer Baustil, der sich immer weiter von dem bisherigen entfernte.
Die Gotik begann um 1150 in Nordfrankreich und setzte sich später in Südfrankreich, Spanien, England und ab der Mitte des 13. Jahrhunderts in Deutschland fort und wurde in **Früh-**, **Hoch-** und **Spätgotik** unterteilt. In England hießen die Phasen **Early English Style**, **Decorated Style** und **Perpendicular Style**.

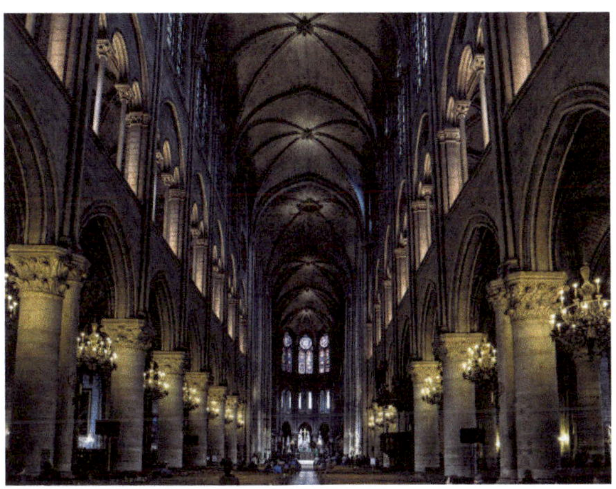

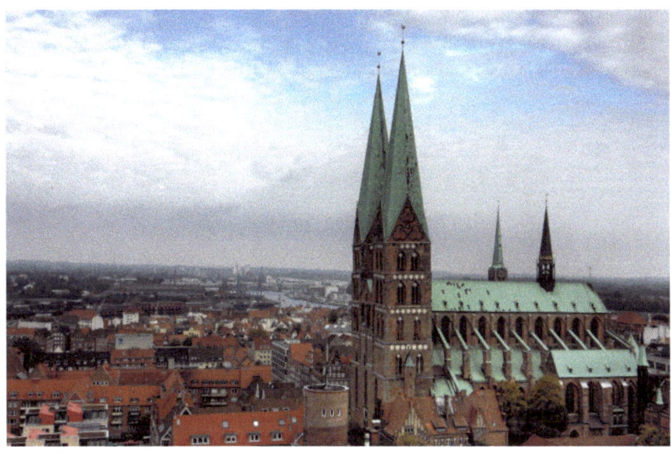

Die Gotik war in den vorhandenen und entstehenden Städten an Kirchen, Rathäusern, Spitälern, Bürgerhäusern, Stadttoren und Brunnen zu sehen.

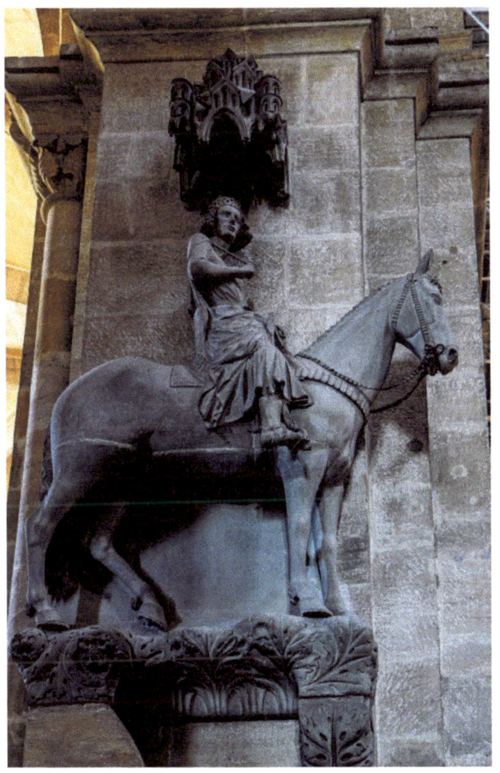

Kennzeichen bei den Sakralbauten waren rechteckiges Grundmaß, Spitzbögen, hohe Säulen, Kreuzrippengewölbe, Hochschiffwand und mächtige helle Raumhöhe (Foto oben links). Gotische Kathedralen symbolisieren durch ihre besondere Höhe die Nähe zu Gott. Die **Marienkirche** in Lübeck (Foto oben rechts) ist ein Beispiel. In den Gotteshäusern waren sehr viel plastischer Schmuck, Figurenplastiken, Verzierungen und farbige Glasfenster zu sehen.
Die Plastiken waren aus Holz, Stein oder Edelmetallen und hatten unterschiedliche Größen. Hauptkennzeichen war ihre größere lebendige Wirkung mit Feinheiten. Freiplastiken entstanden bald. Der **Bamberger Reiter** (Foto unten links) im **Bamberger Dom** , eine Steinplastik aus dem 13. Jahrhundert, wurde lebensgroß gefertigt und stellt die natürlichen Größenverhältnisse der Figur und des Tieres dar.

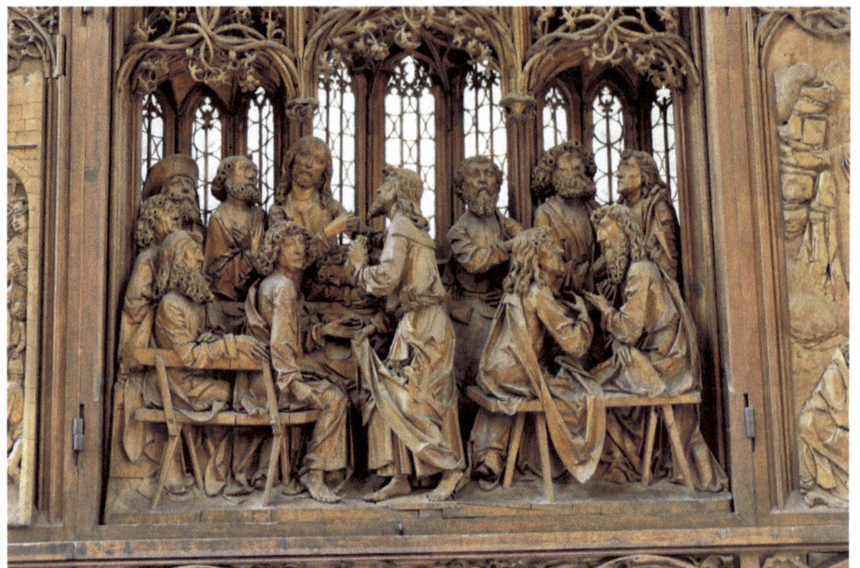

Beeindruckend war die Schnitzkunst. **Tilman Riemenschneider** (1460-1507) schuf von 1501 bis 1505 sein Werk **Das letzte Abendmahl** (Foto links) für den Heilig-Blut-Altar in der **St. Jacobuskirche** in Rothenburg. Es zeigt das letzte Abendmahl in Holz. Die Personen sind mit ihren Gesichtszügen detailliert und plastisch herausgearbeitet.

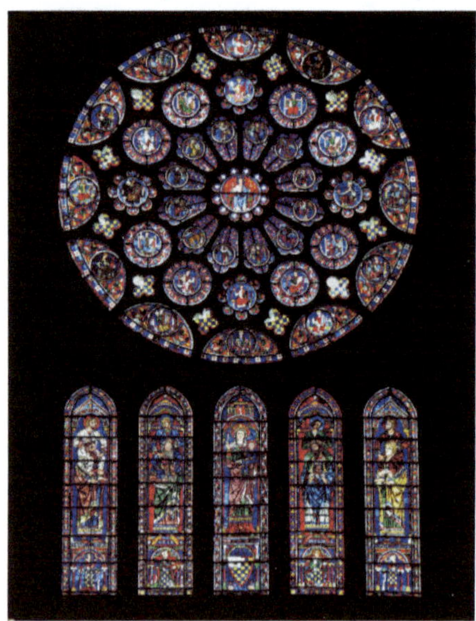

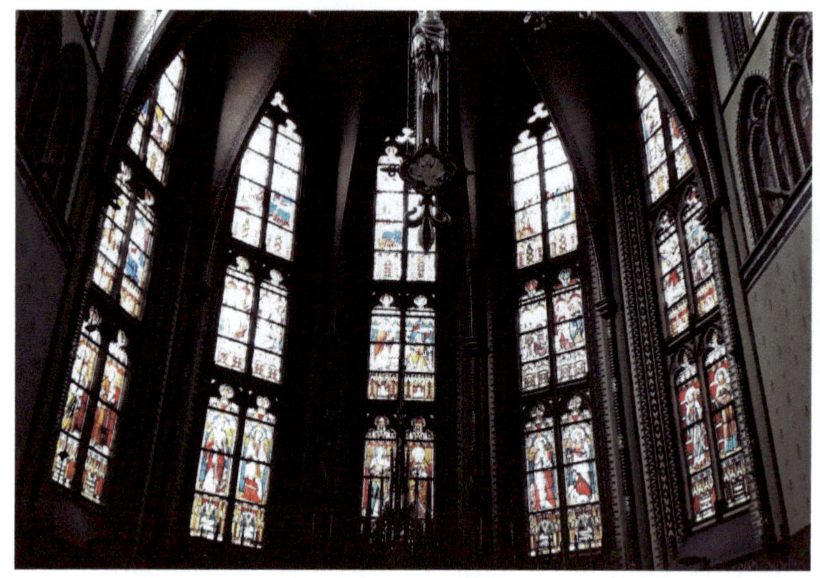

Die gotische Malerei und Grafik zeigten sich als Glas-, Tafel- und Buchmalerei, Fresko, Holzschnitt und Kupferstich. Bibeldarstellungen waren vorherrschend. Zusätzlich waren das Leben am Hof, die Jagd und das Porträt die Hauptthemen. Die Glasmalerei wurde weiterentwickelt. Die bunten Glasfenster der Kathedrale **Notre Dame** (Foto links) in Chartres bestehen wie ein Mosaik aus vielen kleinen Glasscheiben, die biblische Szenen und Bürgerporträts zeigen.
Bekannte Maler waren aus Deutschland **Hans Holbein** (1497-1543) und **Konrad Witz** (um 1400-1447), aus den Niederlanden die Brüder **Jan** (um 1388-1416), **Hermann** (um 1385-1416) und **Paul von Limburg** (1386/1387-1416), **Hieronymus Bosch** (um 1450-1516) und **Jan van Eyck** (um 1360-1441) und aus Italien **Giotto di Bondone** (1266-1337), **Duccio di Buoninsegna** (um 1255-1319) und die Brüder **Ambrogio** (1290-1348) und **Pietro Lorenzetti** (1280-1348),

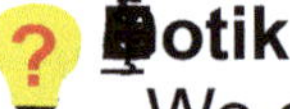

Gotik.
- Wo entstand die Gotik und in welchen Ländern breitete sie sich aus?
- Nenne die gotischen Merkmale der Sakralbauten.
- In welcher Form zeigten sich die Malerei und Grafik?
- Welche Themen kamen in der Malerei und Grafik vor?
- Zähle bekannte Künstler aus den Bereichen Plastik und Malerei auf.

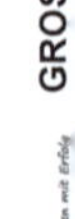

Beschreibe das Bild.

Male den unteren Bildteil mit den Bauern bei ihrer Feldarbeit mit Pinseln und Tuschfarben auf einem Zeichenblockblatt. Male die Kleidung der Bauern in schwächeren Farbtönen.

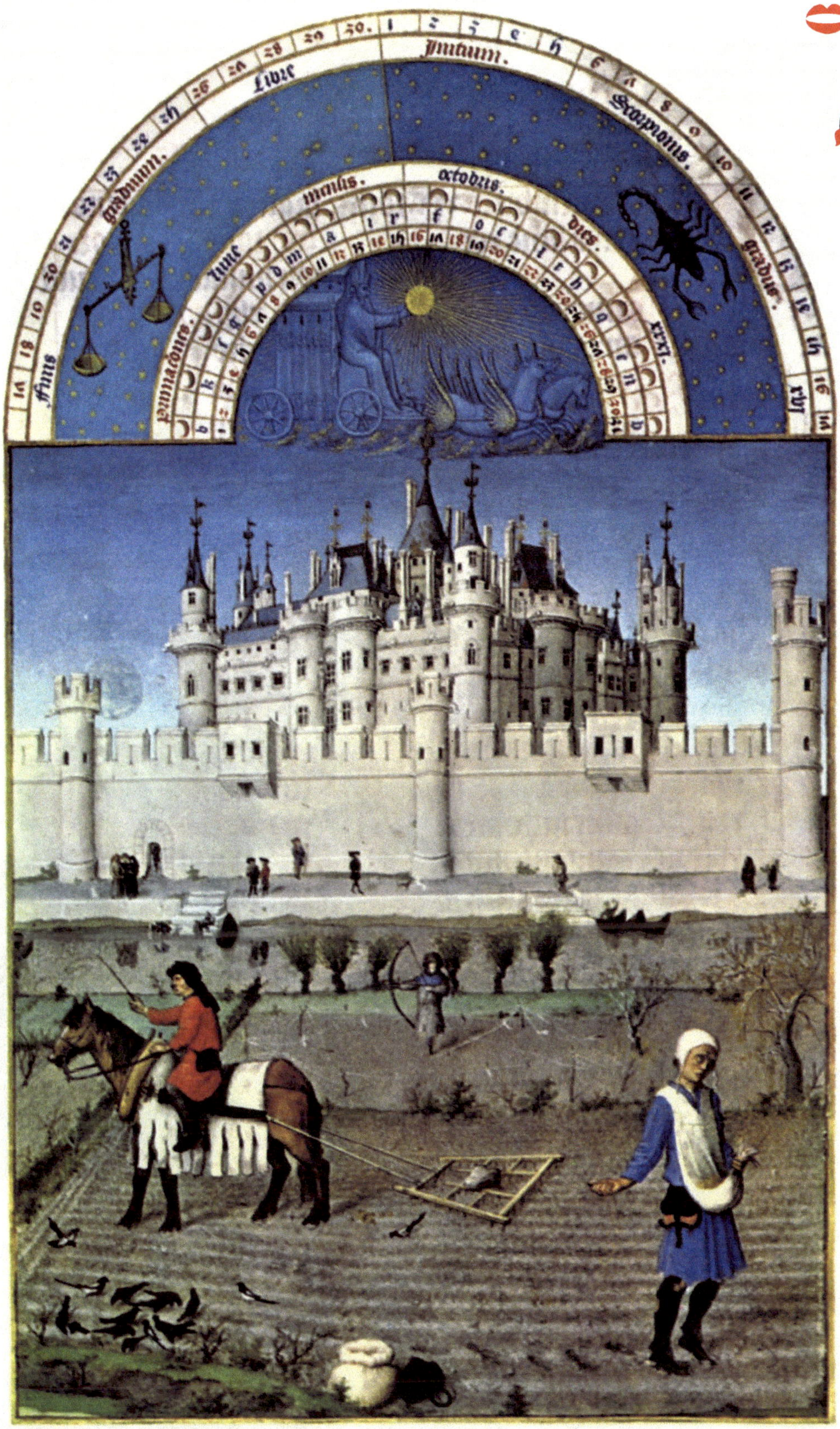

Jan, Hermann und Paul von Limburg
Les Très Riches Heures du Duc de Berry (Szene 6) 1412-1416

Das Stundenbuch des Herzogs **Jean von Berry**, dem Bruder von **Karl V.**, enthält wunderbare ganzseitige Monatsbilder mit höfischen und bäuerlichen Szenen auf Pergament. Hier wird der Monat Oktober gezeigt. Im vorderen Bildteil sind Bauern bei der Feldarbeit, im mittleren Adlige beim Spaziergang an der Seine und im hinteren das mächtige Louvregebäude zu sehen.

GROSSE KUNSTGESCHICHTE
Band 1: Prähistorische Kunst bis Barock – Bestell-Nr. 12 406

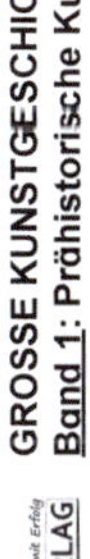

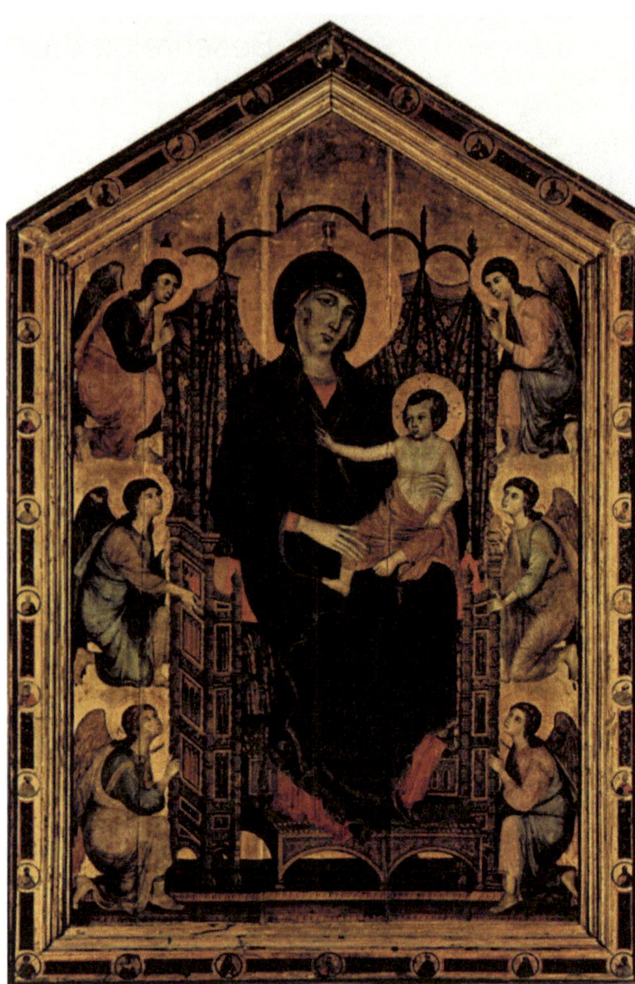

Duccio di Buoninsegna **Madonna Rucellai** 1285

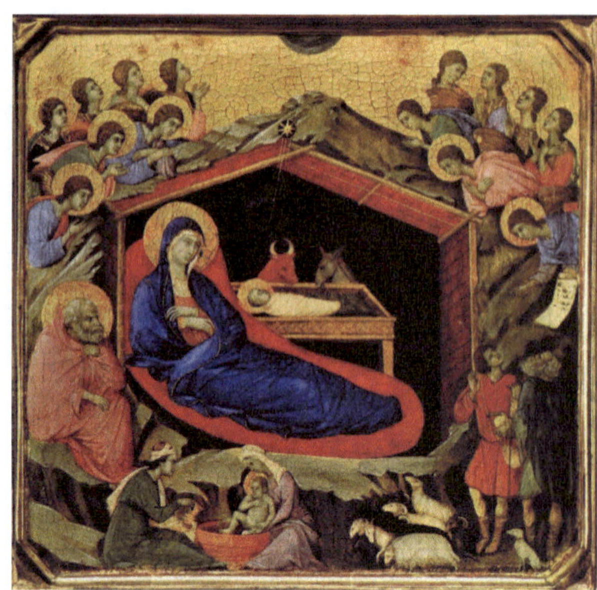

Duccio di Buoninsegna **Geburt Christi** 1308-1311

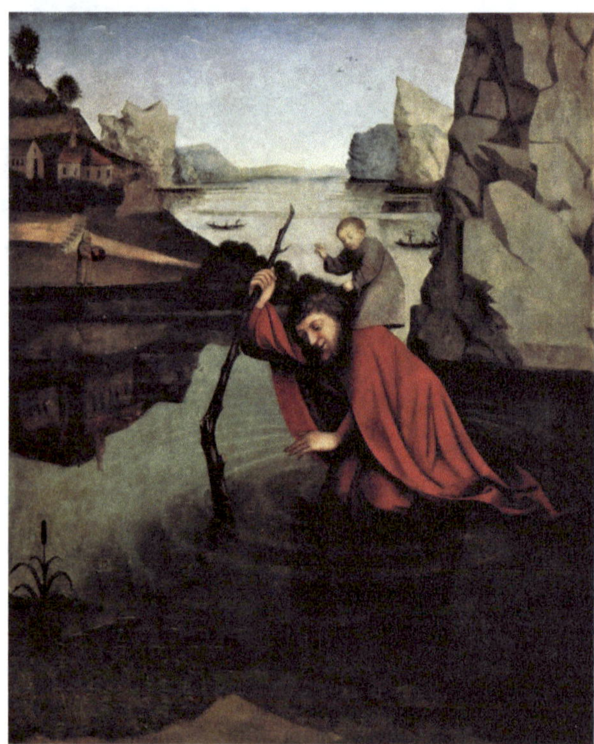

Konrad Witz **Der heilige Christopherus** um 1435

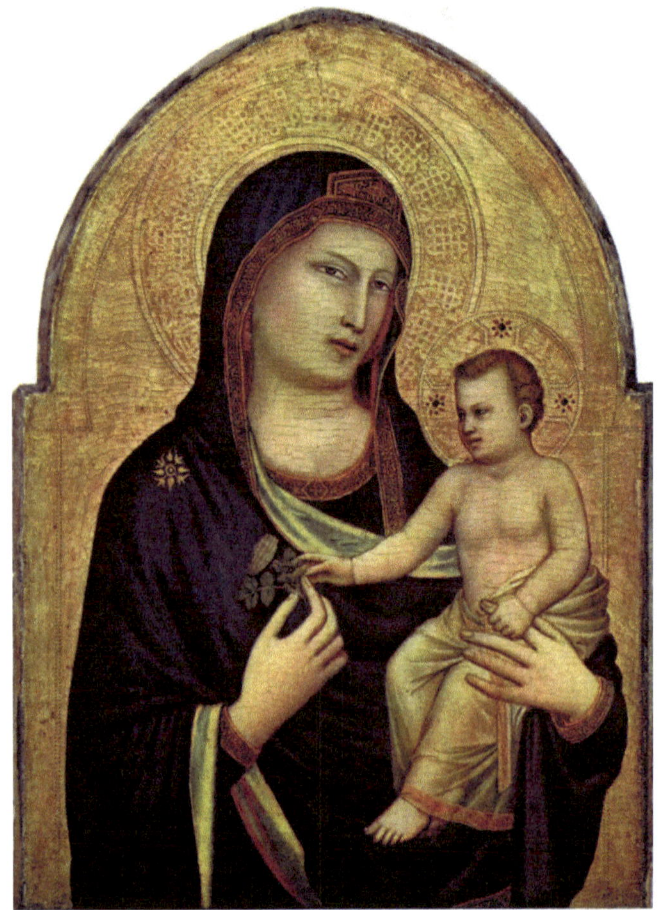

Giotto di Bondone **Madonna mit Kind** um 1320

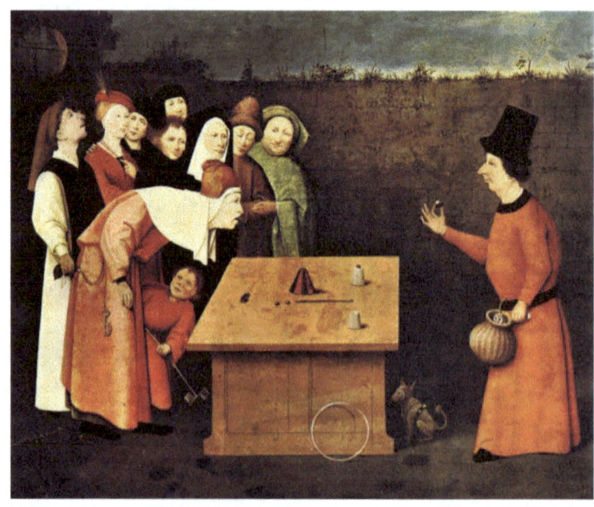

Hieronymus Bosch **Der Zauberkünstler** 1475-1480

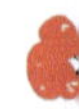

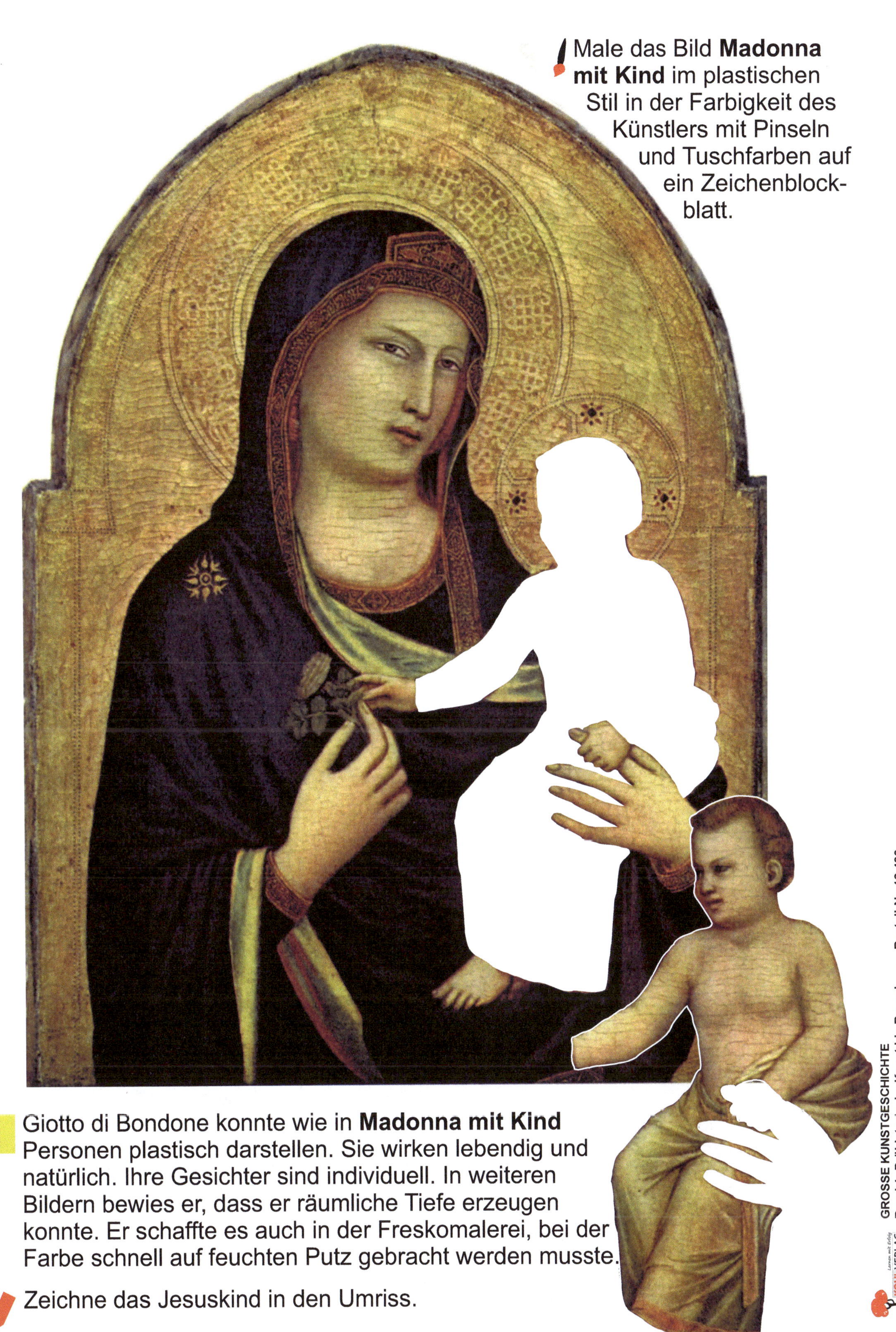

Male das Bild **Madonna mit Kind** im plastischen Stil in der Farbigkeit des Künstlers mit Pinseln und Tuschfarben auf ein Zeichenblockblatt.

Giotto di Bondone konnte wie in **Madonna mit Kind** Personen plastisch darstellen. Sie wirken lebendig und natürlich. Ihre Gesichter sind individuell. In weiteren Bildern bewies er, dass er räumliche Tiefe erzeugen konnte. Er schaffte es auch in der Freskomalerei, bei der Farbe schnell auf feuchten Putz gebracht werden musste.

Zeichne das Jesuskind in den Umriss.

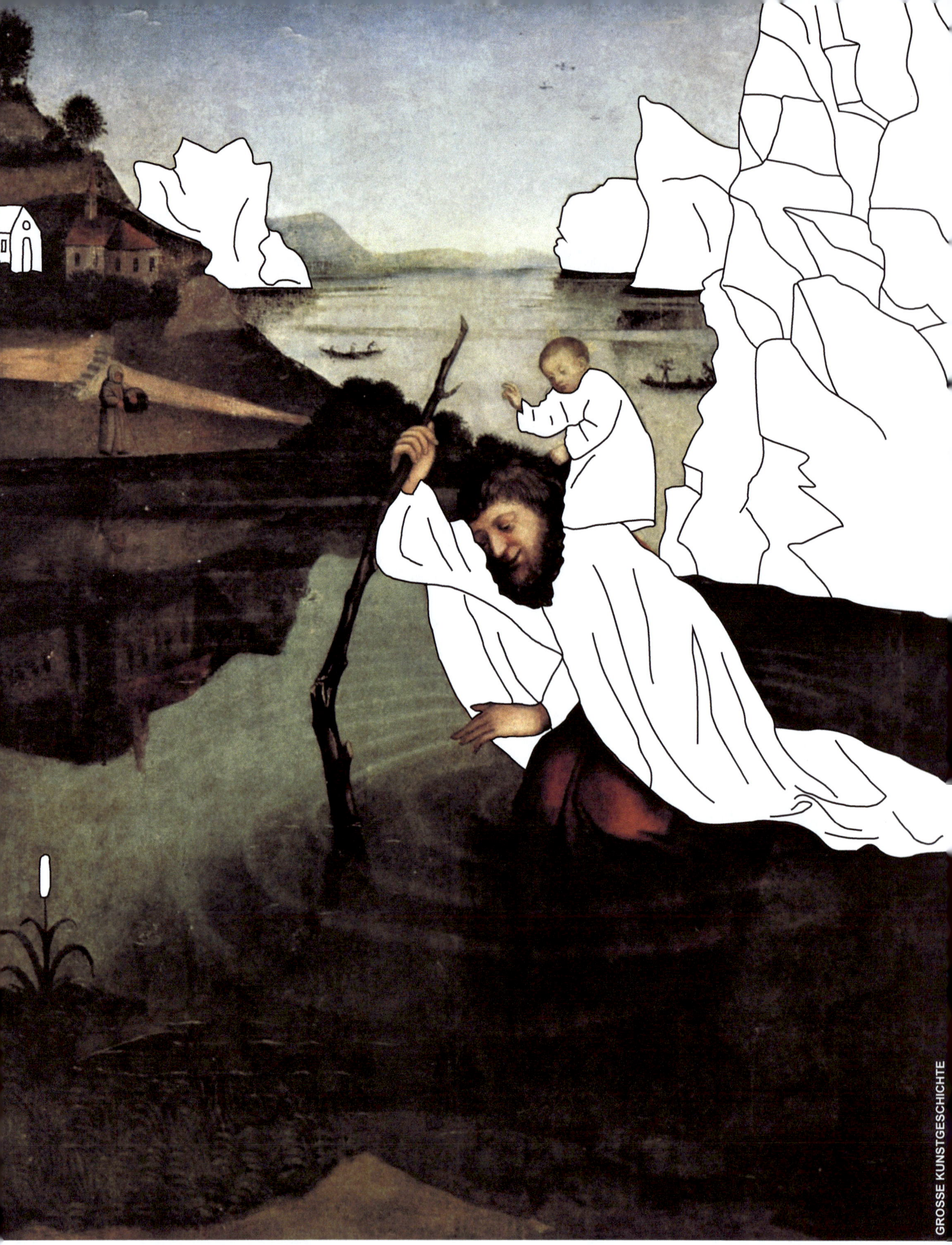

Konrad Witz **Der heilige Christopherus** um 1435

Gebeugt trägt Christopherus das ihn segnende Jesuskind durch das Wasser.

Male das Bild weiter an.

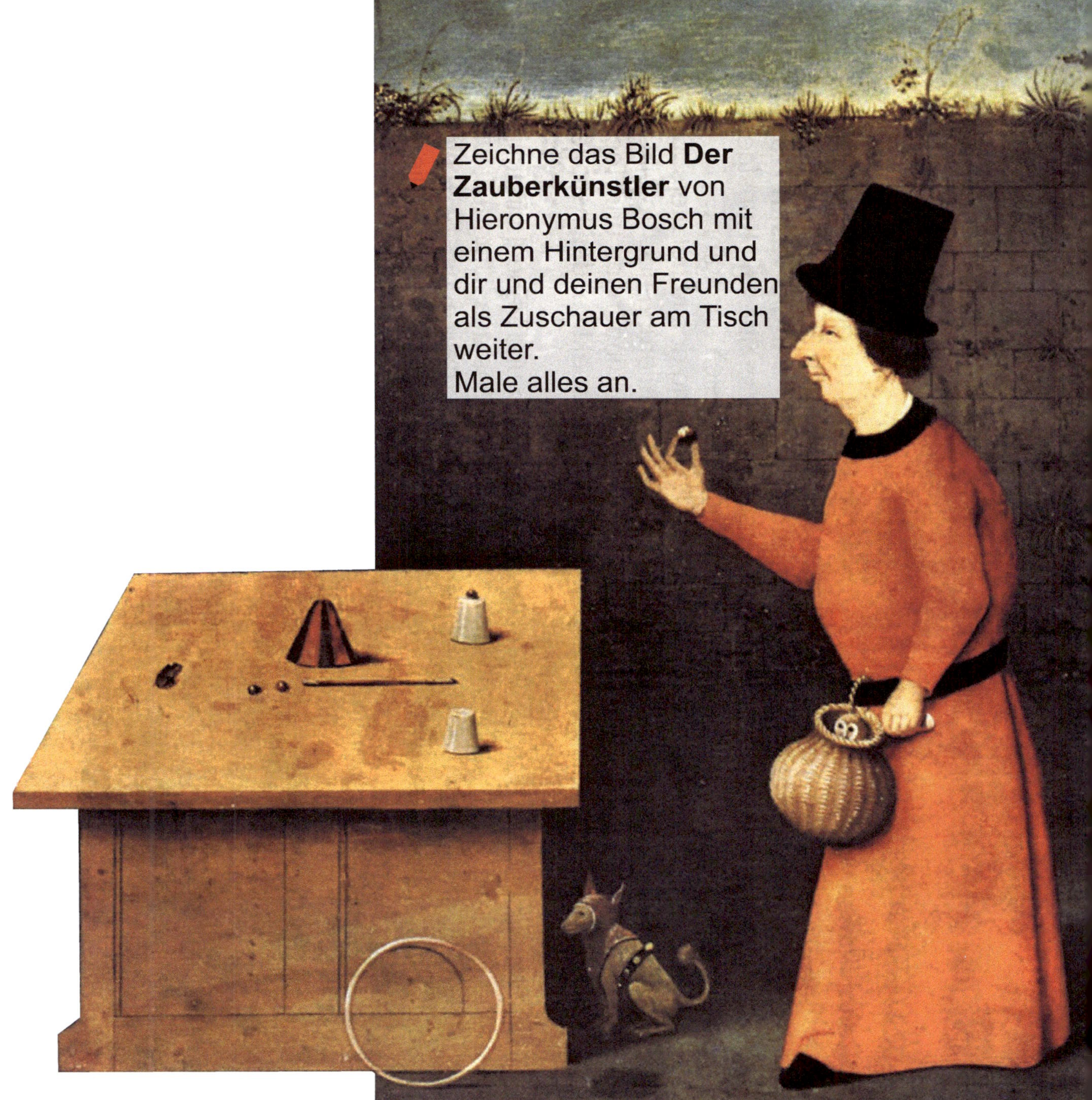

Zeichne das Bild **Der Zauberkünstler** von Hieronymus Bosch mit einem Hintergrund und dir und deinen Freunden als Zuschauer am Tisch weiter.
Male alles an.

Renaissance

um 1450 bis 1600

i **Renaissance**, ein ursprünglich französischer Begriff mit der Bedeutung **Wiedergeburt**, bezeichnet die Epoche zwischen dem mittleren 15. und dem späten 16. Jahrhundert. Der italienische Maler und Architekt **Giorgio Vasari** (1511-1574) sprach von ihr als Epoche und teilte es in seinem Buch über die Kunstgeschichte 1550 mit. Ab 1860 wurde der Begriff allgemein öffentlich anerkannt.
Hauptmerkmal der Renaissance war die Überwindung des Mittelalters. Die Werke der griechischen und römischen Antike wurden Orientierung und Vorbild. Einflüsse kamen zusätzlich von neuen Ideen, Entdeckungen, Erfindungen und Technologien, zum Beispiel mathematische Gesetze der Linearperspektive, das heliozentrische Weltbild und die Druckerpresse.
Von Florenz breitete sich die Renaissance über Rom und Venedig in Italien und später über die Alpen in Teilen West- und Mitteleuropas aus. Unterteilt wird sie bei fließenden Übergängen in die **Frührenaissance** (Italien: um 1420 bis 1500, deutschsprachiger Raum: 1520 bis 1555), die **Hochrenaissance** (Italien: um 1500 bis 1530, deutschsprachiger Raum: 1555 bis 1590) und die **Spätrenaissance** (Italien: um 1520 bis 1600, deutschsprachiger Raum: 1560 bis 1610).

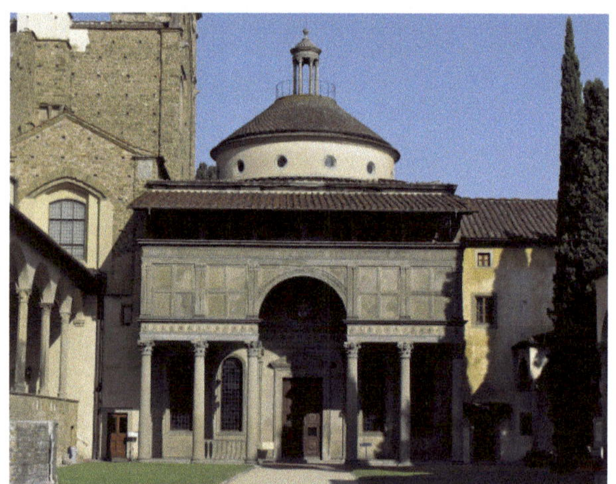

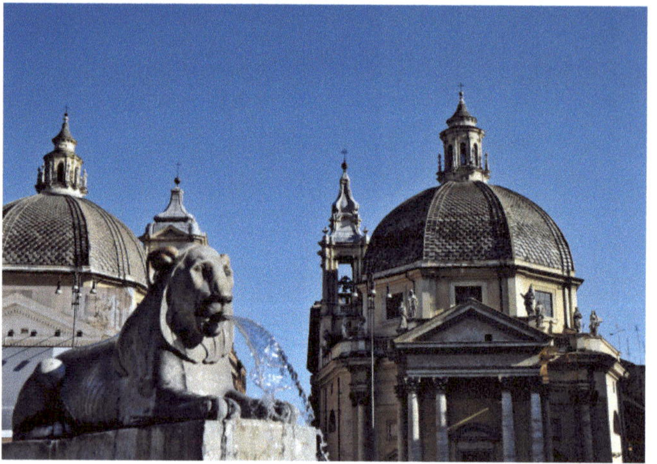

Die Gebäude erhielten in dieser Zeit zumeist einen symmetrischen und rechtwinkligen Grundriss. Fassade und Grundriss bedingten sich gegenseitig. Alle weiteren Elemente waren symmetrisch angeordnet und ausgewogen und streng proportioniert. Die Bauwerke hatten außen einen hellfarbigen Putz oder eine Verkleidung aus Marmor oder anderen Natursteinplatten.
Filippo Brunelleschi (1377-1446), der berühmteste Architekt der Renaissance in Florenz gehörte zu den Ersten, die nach Rom reisten, um in den Ruinen des **Forum Romanums** antike Architektur zu studieren. Die von ihm um 1440 entworfene **Pazzi-Kapelle** (Foto links) belegt, dass ein christliches Bauwerk aus antiken Formen geschaffen werden kann. Die Kapelle in Form eines Würfels trägt eine kreisrunde Kuppel. Mit schlichten und eleganten Proportionen wurde der symmetrische Aufbau streng eingehalten.
Weitere sehr bekannte Architekten waren **Pietro Lombardo** (1435-1515), der in Venedig die Kirche **Maria dei Miracoli** (Foto rechts) entwarf und auch Bildhauer

war, und **Michelozzo di Bartolomeo** (1396-1472), der in Florenz für den Herrscher **Cosimo de' Medici** und seiner Familie Pläne für einen Palazzo machte. In der Hochrenaissance entstanden der **Petersdom** in Rom, viele weitere Sakralbauten, prächtige Paläste und Stadtvillen.

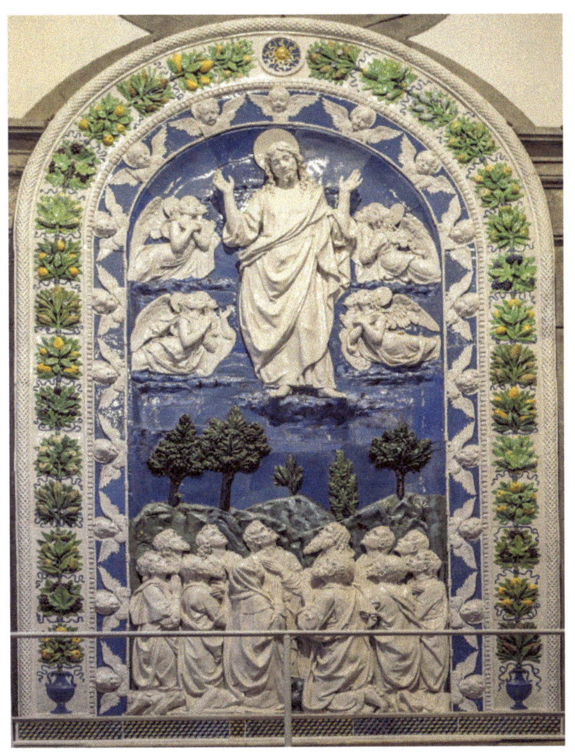

Die Künstler waren begeistert von manchen gut erhaltenen Statuen und Reliefs aus der Antike. In diesem Stil stellten sie Menschen möglichst idealisiert und schön dar. Mitglieder der Kirche waren zumeist ihre Auftraggeber, daneben auch Adlige und wohlhabende Bürger. Standorte waren Kirchen und Kapellen, öffentliche Plätze, Paläste und Grabmäler.

Luca (1400-1482) und sein Neffe **Andrea della Robbia** (1435-1525) fertigten Terrakottareliefs (Foto links, Andrea della Robbia) für prächtige Bauwerke, zum Beispiel für die **Pazzi-Kapelle**.

Die Bildhauer schufen bereits in der Frührenaissance freiplastische Figuren, die von der Architektur losgelöst waren, zum Beispiel Figuren aus dem Christentum, Reiterbilder aus dem Militär und Porträtbüsten.

Am bekanntesten war **Donato di Nicolò di Betto Bardi** (1386-1466), genannt **Donatello**, der vollkommen realistische Figuren aus Holz, Ton, Marmor und Bronze herstellen konnte, zum Beispiel die erste freistehende Statue **David**. **Andrea del Verrocchio** (1435-1488), wohl einer seiner Schüler, fertigte hauptsächlich Heiligenstatuen und Porträtbüsten.

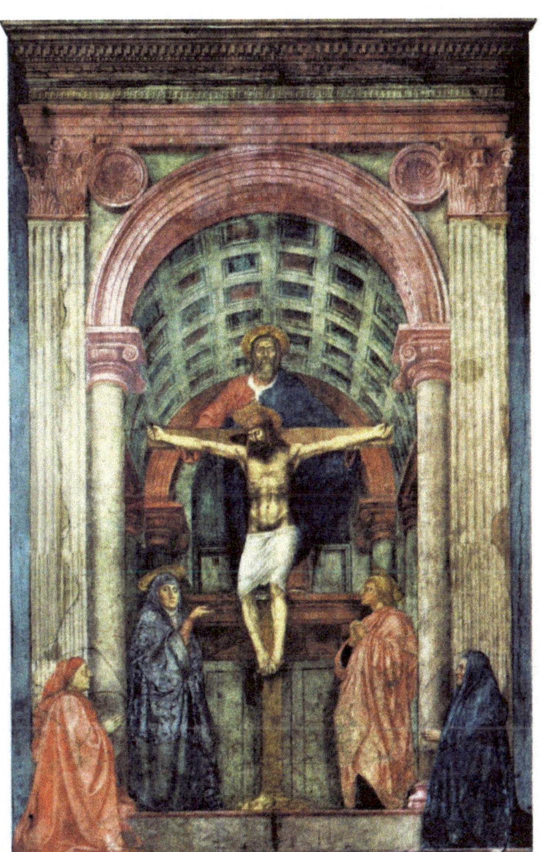

Viele Künstler der Frührenaissance sahen die Kunst in enger Verbindung zu den Wissenschaften und interessierten sich für Naturwissenschaften, Anatomie, Psychologie und Theologie. Sie trafen sich und tauschten sich aus.

Filippo Brunelleschi (1377-1446), Architekt und Bildhauer, entdeckte mathematische Regeln, um einen räumlichen Eindruck auf einer Bildfläche herzustellen. Er wusste, dass Figuren und Gegenstände mit Hilfe von Kanten und Fluchtlinien, der **Fluchtpunktperspektive**, in der Entfernung kleiner und in der Nähe größer wirken.

Tommaso di Giovanni di Simone Guidi, genannt **Masaccio** (1401-1428), schuf auf dieser Grundlage mit dem Fresko **Heilige Dreifaltigkeit** (um 1427, Foto) das erste

GROSSE KUNSTGESCHICHTE
Band 1: Prähistorische Kunst bis Barock – Bestell-Nr. 12 406

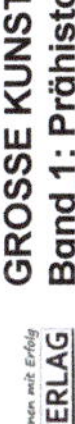

Bild, das in der Kunst die Flucht- oder Zentralpunktperspektive einsetzte. Die Leute waren erstaunt und begeistert.
In der Hochrenaissance entwickelte sich die Porträtmalerei als eigenständiges Genre weiter. Personen wurden nicht mehr wie im Mittelalter zuvor idealisiert und stilisiert dargestellt, sondern mit individuellen Merkmalen. Der bedeutendste Porträtmaler **Leonardo da Vinci** (1452-1519) malte so das weltberühmte Bild **Mona Lisa** (1503-1506), wahrscheinlich die Kaufmannsfrau **Lisa del Giocondo**, mit harmonischen Proportionen des **Chiaroscuro**, Hell-dunkel-Malerei.
in dieser Zeit entdeckten die Künstler die **Luftperspektive**. Sie stellten Inhalte in der Nähe scharf, aber in der Ferne nicht nur kleiner, sondern unschärfer dar. Sie wandten auch die **Farbperspektive** an, denn sie merkten, dass Farben in der Ferne weniger intensiv, gesättigt und kontrastreich als in der Nähe waren. **Tizian** (1490-1576) gelangte es meisterhaft, Farben für räumliche und plastische Zwecke einzusetzen. **Andrea Mantegna** (1431-1506), Hofmaler in Mantua, war seit der Antike der erste Künstler, der die **Trompe-l'oeil-Malerei** beherrschte. Er schuf viele Fresken im Palast des Herzogs und Kunstförderers **Ludovico Gonzaga**. **Raffaello Sanzio da Urbino** (1483-1520), **Raffael** genannt, der durch seine Madonnenbilder bekannt wurde, verstand es, Raumillusion mit Flächenelementen zu kombinieren.

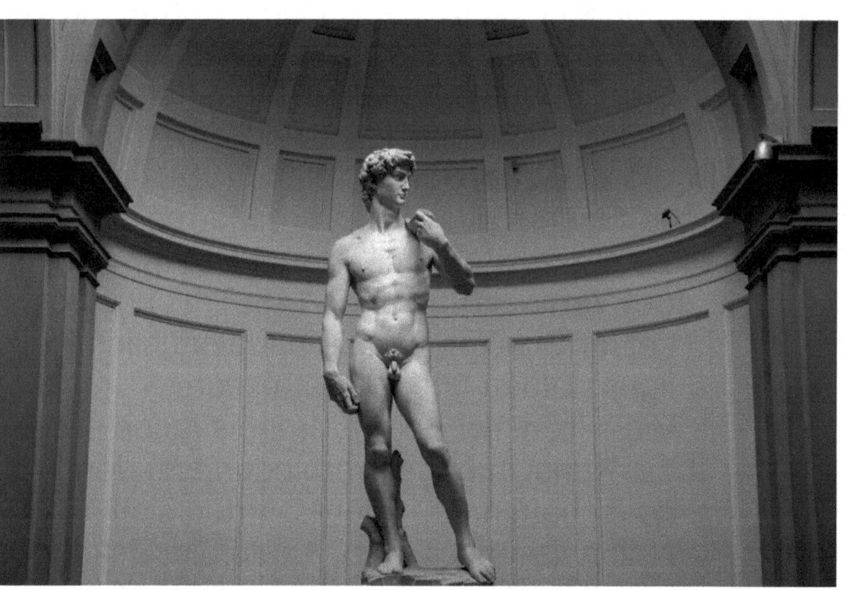

Ein bedeutender Künstler war **Michelangelo Buonarroti** (1475-1564), genannt **Michelangelo.** Er gestaltete von 1501 bis 1504 aus einem Marmorblock die 4,34 m hohe Statue **David** (Foto). Sie war die erste Aktfigur seit der Antike.
Im deutschsprachigen Raum kamen die Einflüsse der Renaissance verzögert an. **Albrecht Dürer** (1471-1528) reiste 1495 und 1505 nach Venedig, setzte sich mit der Kunstrichtung auseinander und erwarb Kenntnisse in verschiedenen Wissenschaften. Religiöse Darstellungen und das Porträt wurden für ihn wichtige Themen.
Matthias Grünewald (um 1470-1528) setzte sich mit Renaissanceeinflüssen aus Italien und den Niederlanden auseinander und schuf als sein Hauptwerk den **Isenheimer Flügelaltar** aus zehn Bildtafeln und einem geschnitzten Schrein.

?
- Erkläre den Begriff **Renaissance**.
- Nenne Hauptmerkmale der Architektur, Architekten und Bauten.
- Wer waren bedeutenden Skulpturenkünstler?
- Erkläre die Möglichkeiten durch die Fluchtpunkt-, Luft- und Farbperspektive.
- Berichte über die Porträtmalerei.
- Wer waren bedeutende Maler?
- Wie setzte sich der Isenheimer Altar zusammen?

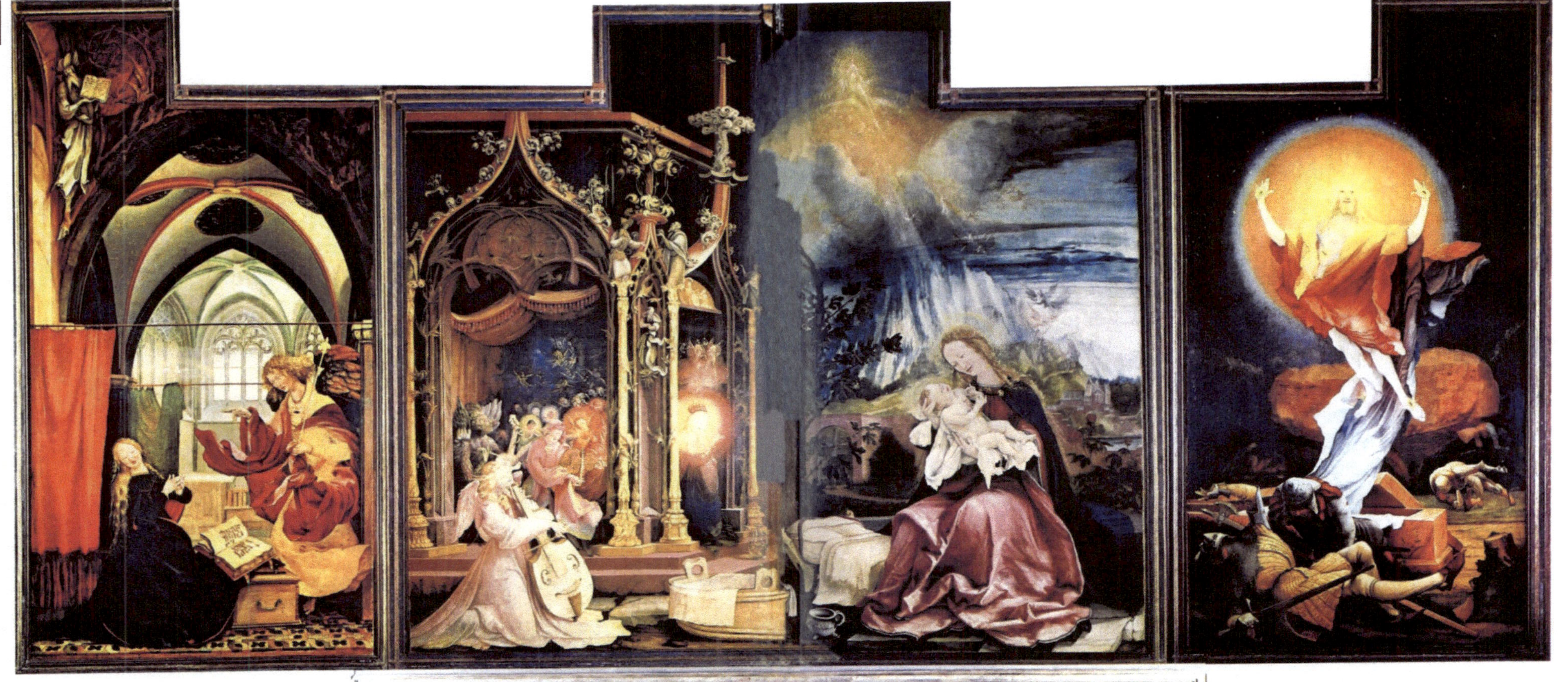

Der **Isenheimer Altar**, einst Hauptaltar des Antoniterklosters in Isenheim-Elsass, wurde von Mathias Grünewald in der Zeit von 1512 bis 1516 in leuchtenden Farben mit Öl auf Holz in den Maßen 3,36 m hoch und 5,89 m breit geschaffen. Zu sehen ist von links die Verkündigung an Maria, Geburt Christi und Auferstehung Christi. In der Predella ist die Beweinung Christi dargestellt. Er ist Flügel- und Wandelaltar, denn er kann passend zu den jeweiligen kirchlichen Feiertagen geöffnet werden.

Wähle einen Ausschnitt einer Szene und male ihn mit Pinseln und Tuschfarben auf einem Zeichenblockblatt.

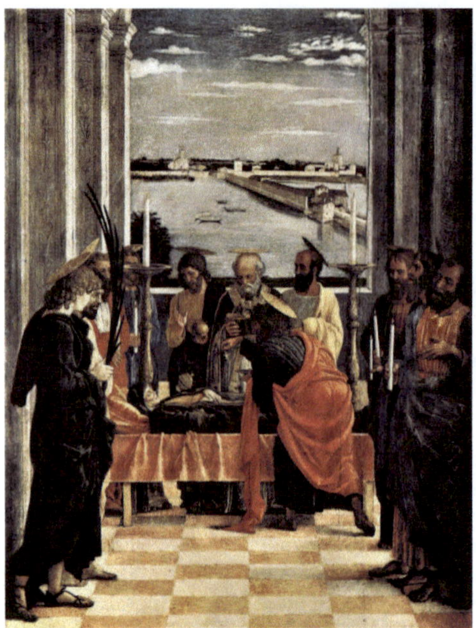

Andrea Mantegna **Der Tod Mariä**
um 1461

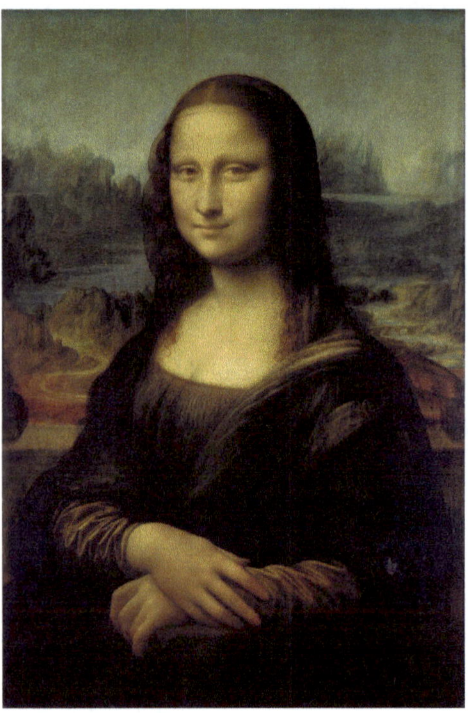

Leonardo da Vinci **Mona Lisa**
1503-1505

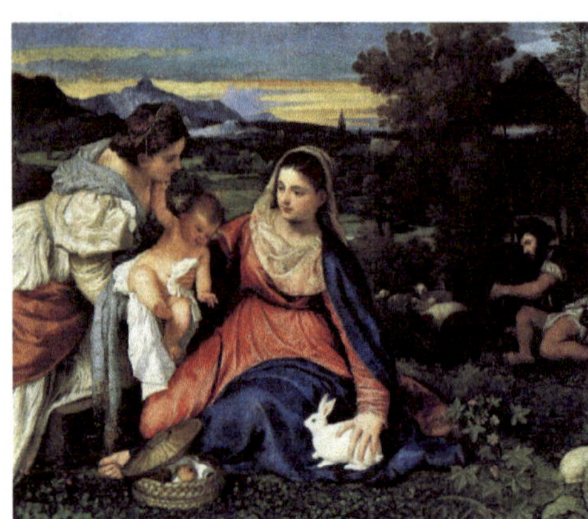

Tizian **Madonna mit dem Kaninchen**
um 1530

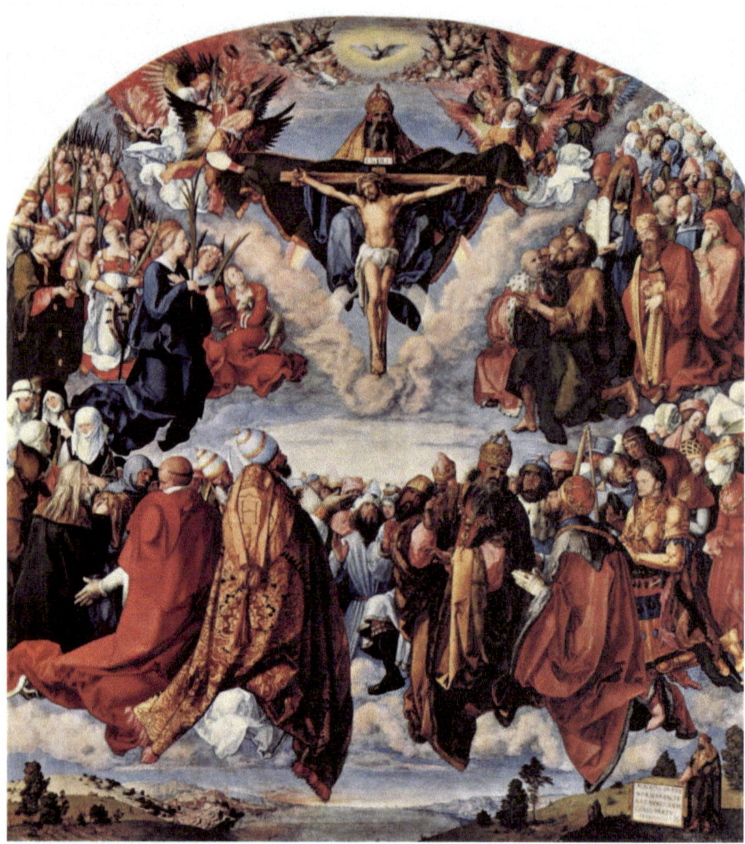

Albrecht Dürer **Allerheiligenbild** 1511

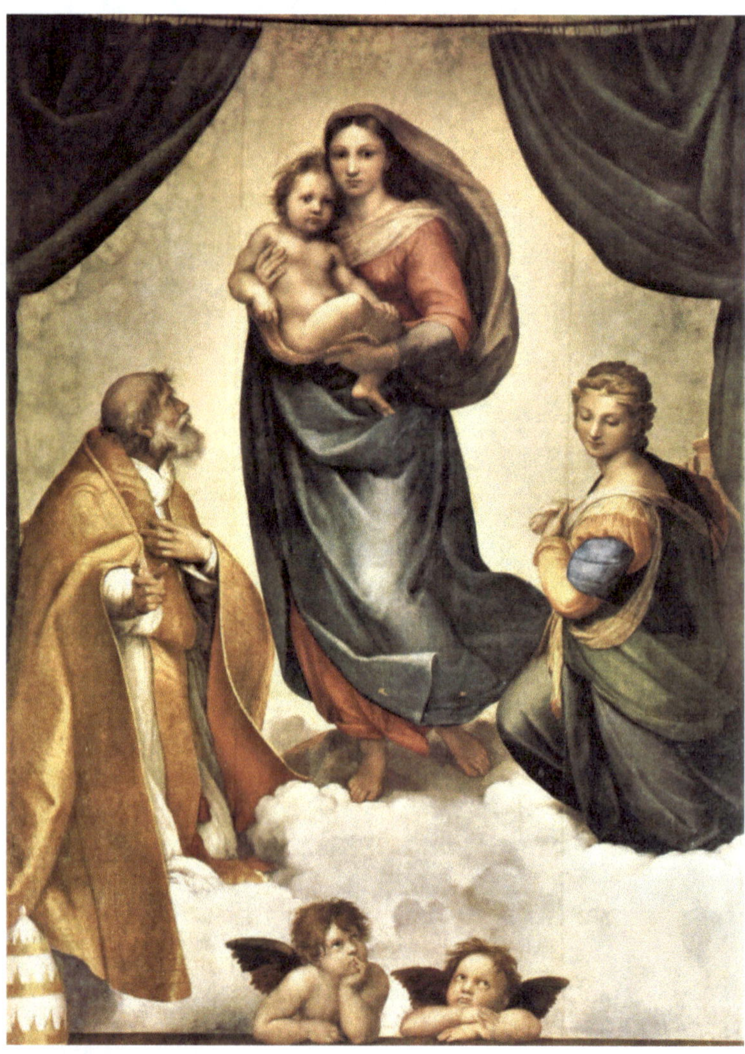

Raffael **Sixtinische Madonna** 1513-1514

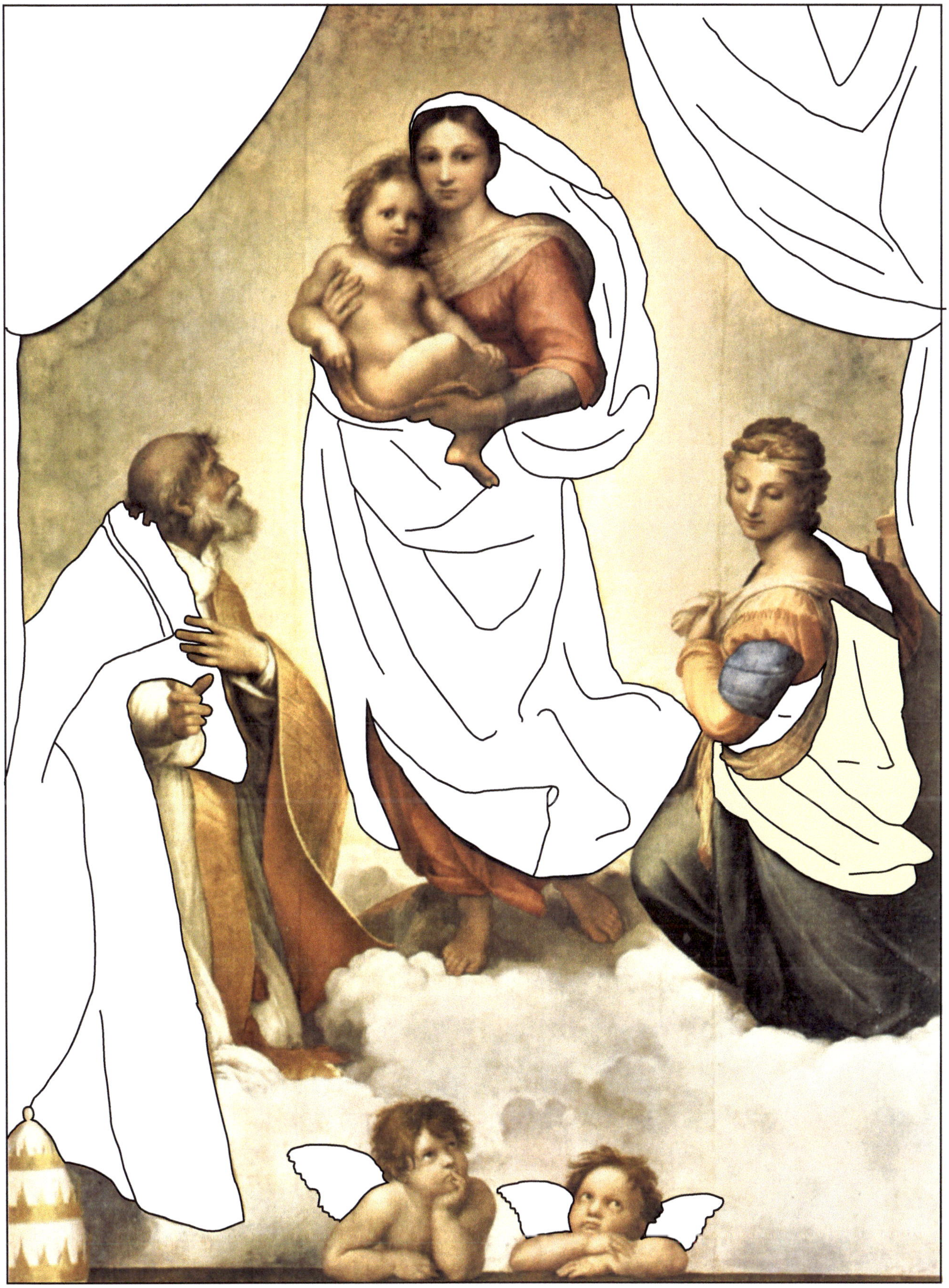

In dem Bild **Sixtinische Madonna** (1512-1513) wählte Raffael einen pyramiden- und symmetrieartigen Aufbau vor einem scheinbar grenzenlosen Raum. Erhöht in der Mitte platzierte er die Madonna mit dem Jesuskind, links sie anschauend den heiligen Sixtus und rechts die heilige Barbara. Er benutzte wenige Farben.

Vervollständige das Bild, indem du die Lücken passend ausmalst.

GROSSE KUNSTGESCHICHTE
Band 1: Prähistorische Kunst bis Barock – Bestell-Nr. 12 406

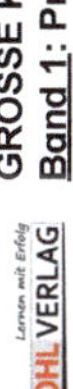

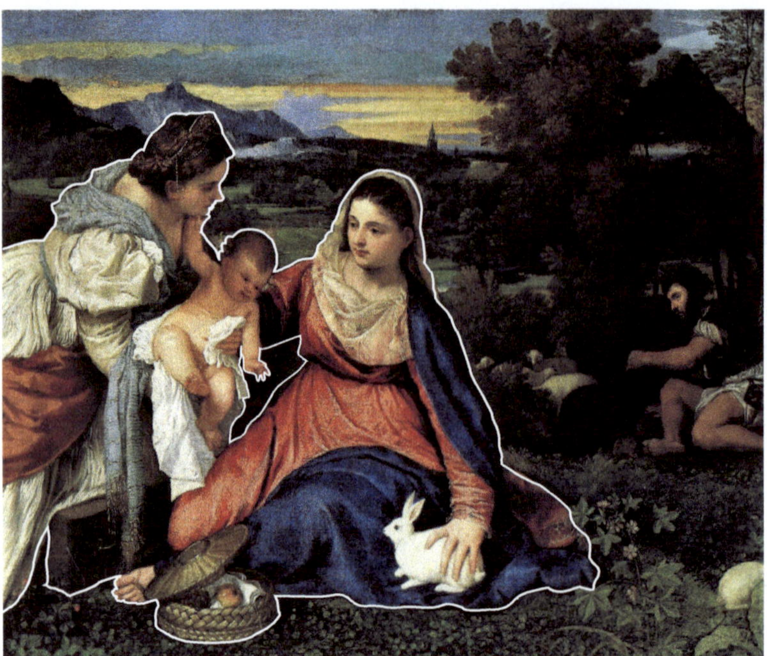

Tizian **Madonna mit dem Kaninchen** um 1530

Das Bild, das der Herzog von Mantua Frederico Gonzaga bei Tizian in Auftrag gegeben hatte, zeigt Maria mit dem Jesuskind, die heilige Katharina und rechts im Hintergrund den heiligen Johannes der Täufer. Das Kind möchte zum Kaninchen, während Maria es behutsam festhält.

- Beschreibe, wie Tizian in dem Bild Räumlichkeit erzeugte.
- Zeichne farbig die Personengruppe in den gestrichelten Umriss.
- Schneide die Gruppe mit der Schere aus und klebe sie an den linken Rand eines Zeichenblockblattes.
- Male wahlweise den gleichen Hintergrund oder einen beliebigen aus der Gegenwart. Stelle dabei wie Tizian Räumlichkeit her. Benutze die Pinsel und Tuschfarben.

Manierismus

um 1530 bis 1600

Manierismus stammt von dem italienischen Begriff **Maniera**, der **Art** und **Weise**, **Stil** und **Manier** bedeutet. Er ist eine Bezeichnung für eine Kunstepoche mit der Idee, dass ein Künstler seinen eigenen Stil, die **Maniera**, entwickeln und hervorheben sollte.
Giorgio Vasari bezeichnete so den späten Stil Michelangelos. 1796 veröffentlichte der italienische Historiker **Luigi Lanzi** (1732-1810) die Enzyklopädie der italienischen Malerei, **Storia pittorica della Italia**, und benutzte erstmals das Wort. Er bezog es auf die Kunst nach Raffael. **Jacob Burckhardt** (1818-1897) aus der Schweiz, der als Kulturhistoriker arbeitete, führte den Begriff für diese Epoche endgültig in die Kunstgeschichte ein.
Die Epoche ist der Übergang zwischen Renaissance und Barock. Gelegentlich wird sie auch als Form der Spätrenaissance eingeordnet. Werke entstanden in der Architektur, Plastik und hauptsächlich in der Malerei.
Hauptmerkmale waren Aufgabe harmonischer Proportionen, verzerrte Haltungen und Perspektiven, **Figura serpentinata** (schlangenförmig verdrehte Figurendarstellung), verschlüsselte Bildinhalte, gesteigerte Bewegung und Ausdruckskraft mit kräftiger Spannung zwischen den Inhalten und ungewöhnliche Lichteffekte. Der Mensch wurde nicht mehr nach klassischem Vorbild gestaltet.
Von Florenz ausgehend breitete sich der Manierismus über Italien und bald über ganz Mittel- und Nordeuropa aus. In Frankreich, Flandern, den Niederlanden und Deutschland kam er etwas später an, um von 1550 bis 1610. Er wurde zur ersten europäischen Kunstbewegung.
Zu den bekanntesten Manieristen gehörten die von dem italienischen Künstler **Rosso Florentino** (1494-1540) gegründete **Schule von Fontainebleau** in Frankreich, **Giambologna** (1529-1608), **Giuseppe Arcimboldo** (1526-1593), **Parmigianino** (1503-1540), **Correggio** (1489-1534) und **El Greco** (1541-1614) und Künstler am Hof des Kaisers **Rudolph II.** (1552-1612) in Prag.

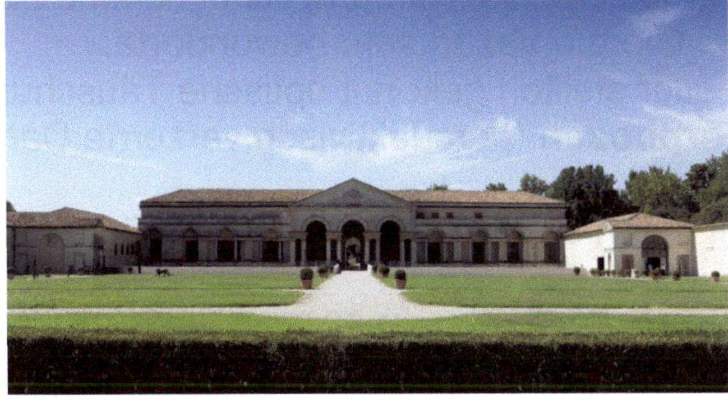

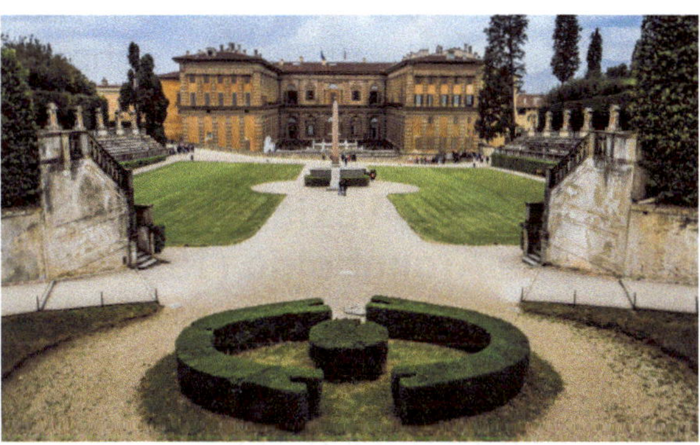

In der Architektur ist eine zweifelsfreie Zuordnung von Manierismus und Renaissance nicht immer sofort feststellbar. Wichtigstes Merkmal manieristischer Architektur ist das Fehlen der klassischen Ordnungssysteme. Es entstanden Kirchen, Schlösser, Paläste und später Bürgerhäuser und Wasserkunstwerke. Zu den bekannten Bauwerken gehören der **Palazzo del Te** (Foto links) in Mantua und der **Palazzo Pitti** (Foto rechts) in Florenz von **Bartholomeo Ammanati** (1559-1577).

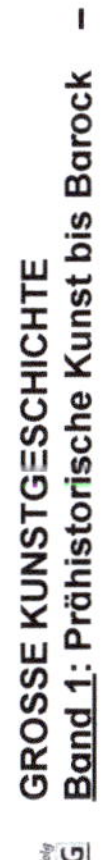

GROSSE KUNSTGESCHICHTE
Band 1: Prähistorische Kunst bis Barock – Bestell-Nr. 12 406

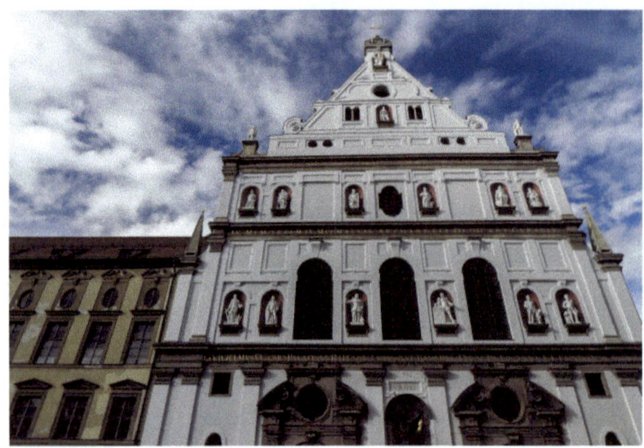

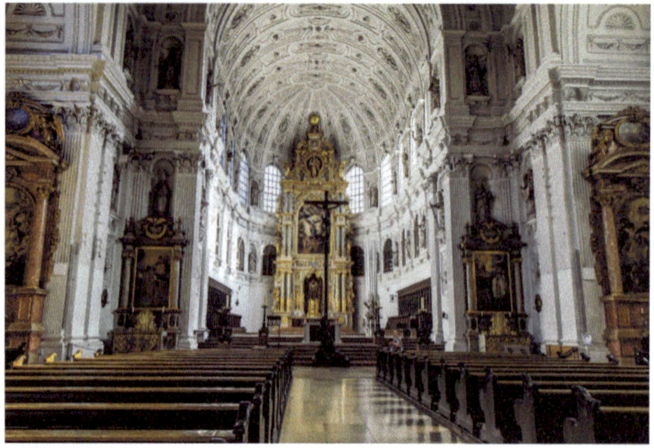

Ein weiteres Beispiel ist die Jesuitenkirche **St. Michael** (Fotos oben) in München.

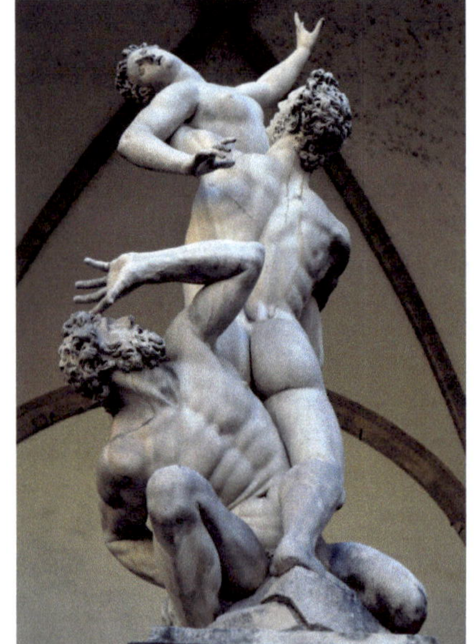

In der Plastik kam die schlangenförmige Ausdrucksform von Figuren häufig vor. Auf eine Hauptansicht wurde verzichtet. Giambologna gestaltete so 1583 die Figurengruppe **Raub der Sabinerinnen** (Foto Mitte links), die 4,20 m hoch war.

In anderen Plastiken (Foto unten links) wurden die Figuren oft überdreht, verzerrt und manchmal auch skurril dargestellt.

Skurrile Figuren aus Sandstein zeigen sich als Verzierung am Portal des Fürstenhofs in Wismar.

In der Malerei tat sich **El Greco** hervor, dessen eigentlicher Name **Dominikos Theotokopulus** war.

In Spanien war er ein gefragter Hofmaler. Lang gestreckte Formen und Körper, Kontraste und eine kalte und intensive Farbe sind die Merkmale seiner Werke.

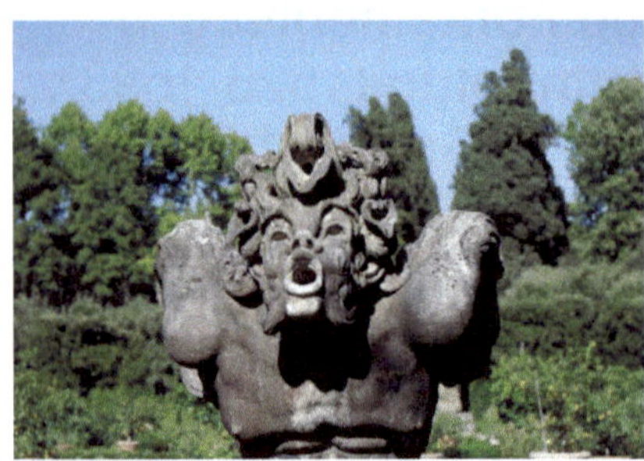

Parmigianino, dessen vollständiger Name **Girolamo Francesco Mazzola** war, arbeitete mit den Mitteln der Streckung und Verzerrung. In einem **Tondo**, Rundbild, porträtierte er sich meisterhaft und schuf schöne Landschaften, die Giorgio Vasari sehr bewunderte.

Andere Künstler stellten gekonnt optische Täuschungen, **Anamorphosen** (perspektivisch verzerrte Darstellungen) und **Vexierbilder** (Umkehrbilder) dar.

Giuseppe Arcimboldo (1526-1593) fiel durch seine einzigartigen Porträts aus Obst und Gemüse auf.

- Was bedeutet **Manierismus**?
- Wo breitete er sich aus?
- Zähle manieristische Merkmale auf.
- Wer gehörte zu den bekannten Künstlern?
- Nenne Bauwerke.
- Erkläre den Begriff **Figura serpentinata** am Beispiel der Figurengruppe **Raub der Sabinerinnen**.

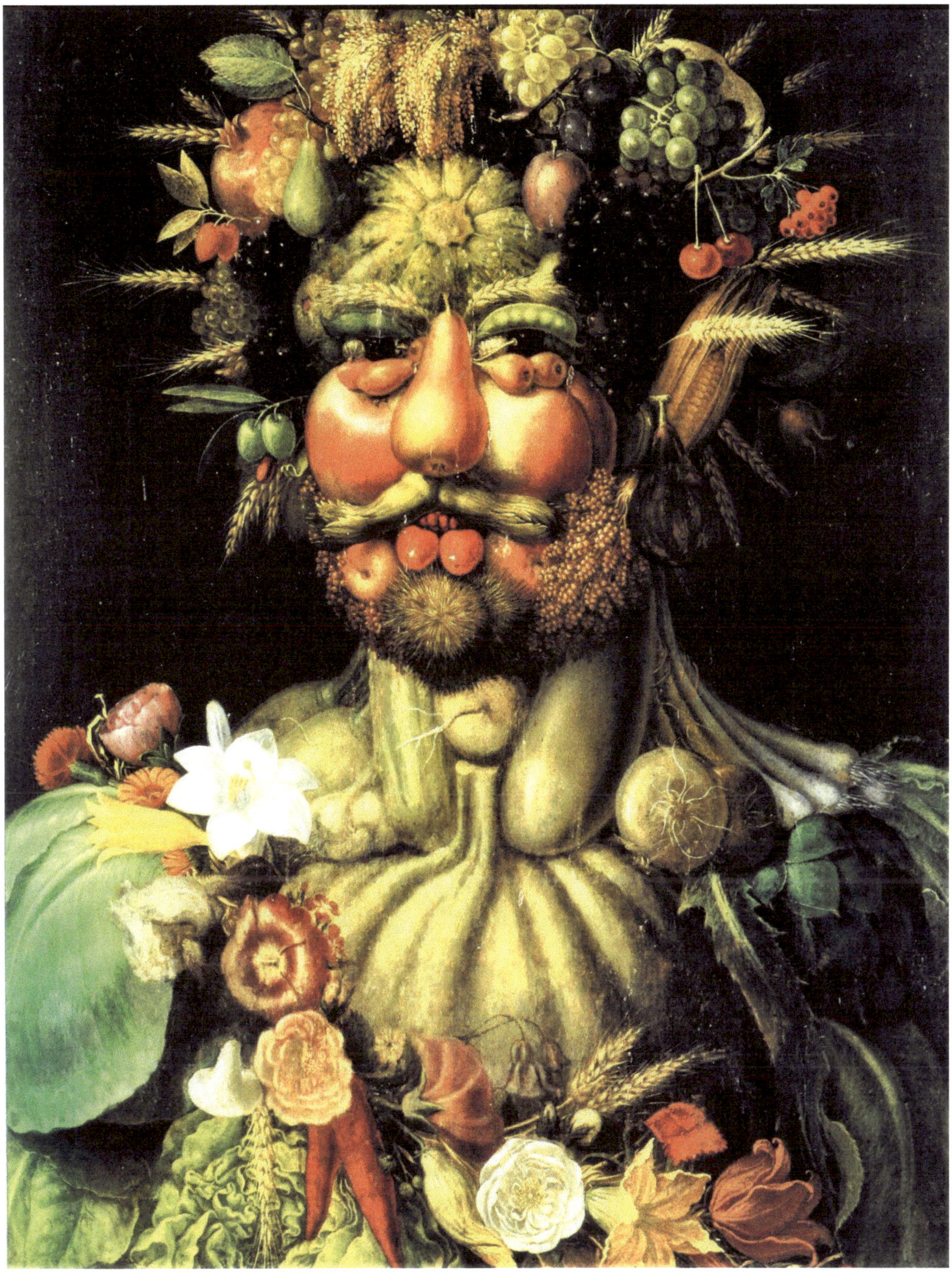

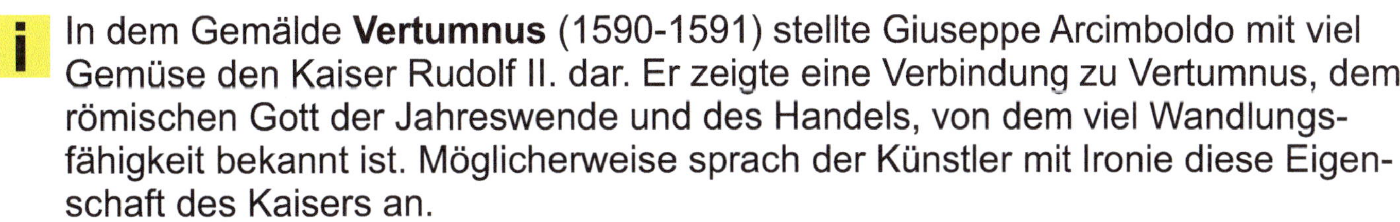

In dem Gemälde **Vertumnus** (1590-1591) stellte Giuseppe Arcimboldo mit viel Gemüse den Kaiser Rudolf II. dar. Er zeigte eine Verbindung zu Vertumnus, dem römischen Gott der Jahreswende und des Handels, von dem viel Wandlungsfähigkeit bekannt ist. Möglicherweise sprach der Künstler mit Ironie diese Eigenschaft des Kaisers an.

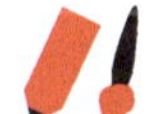

- Zeichne oder male ein großformatiges Porträt aus Gemüse oder Obst oder Gemüse und Obst.

- Wenn du willst, klebe Obst- oder Gemüse- oder Obst- und Gemüsefotos dazu, die du aus Zeitschriften, Prospekten und Katalogen ausschneiden musst.

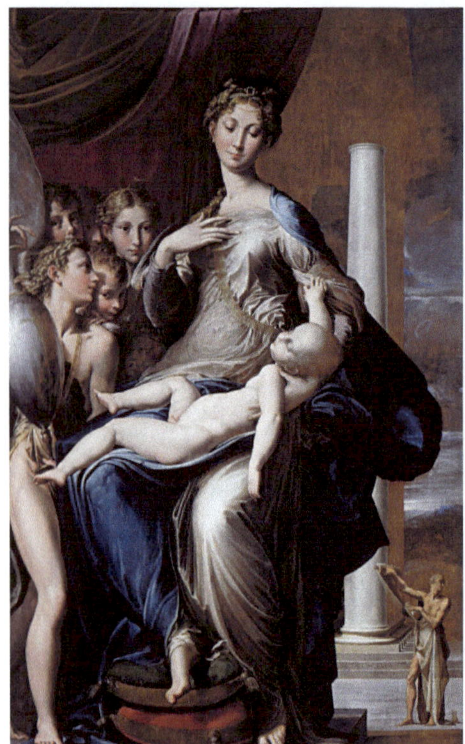

Parmigianino
Madonna mit dem langen Hals um 1535

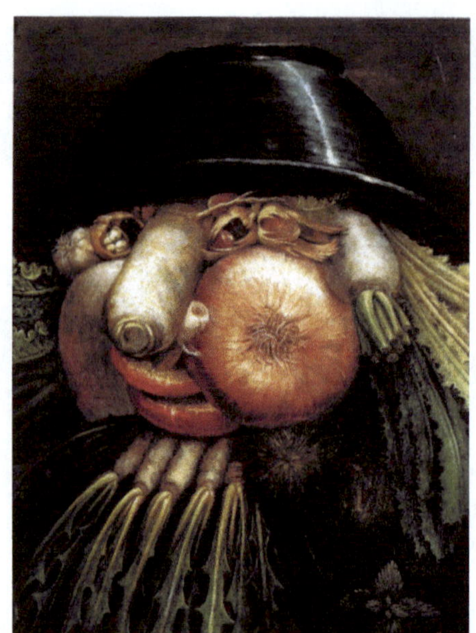

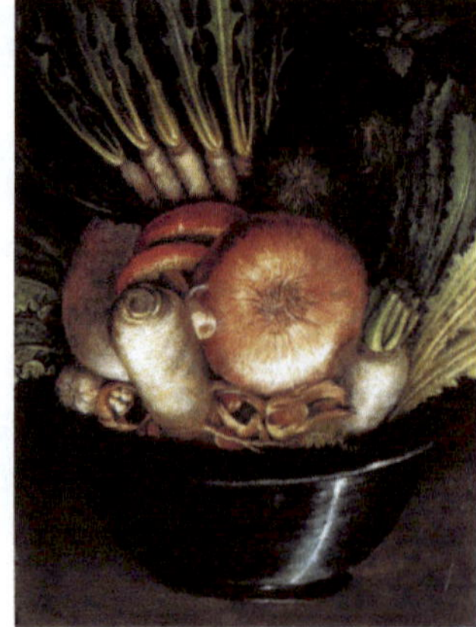

Giuseppe Arcimboldo
Der Gemüsegärtner
(Umkehrbild) 1590

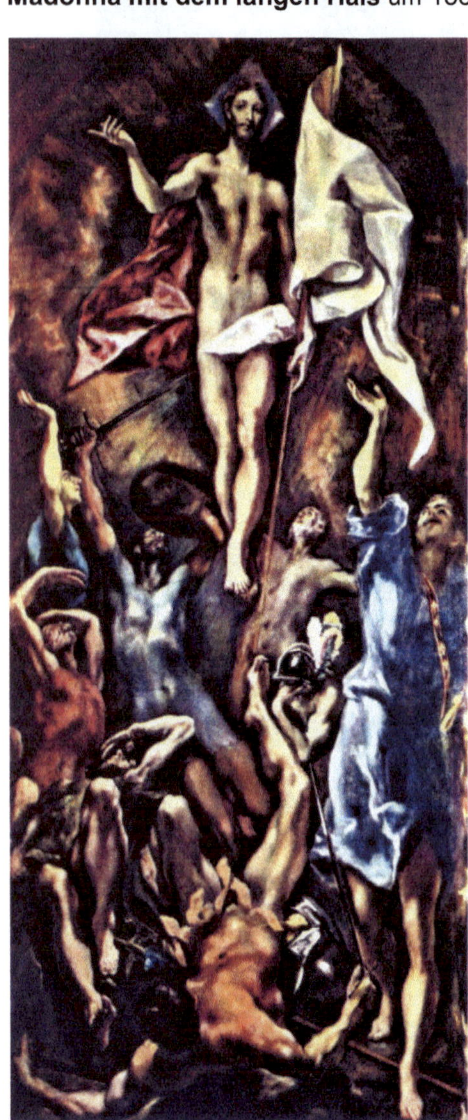

El Greco **Die Auferstehung** 1584-1594

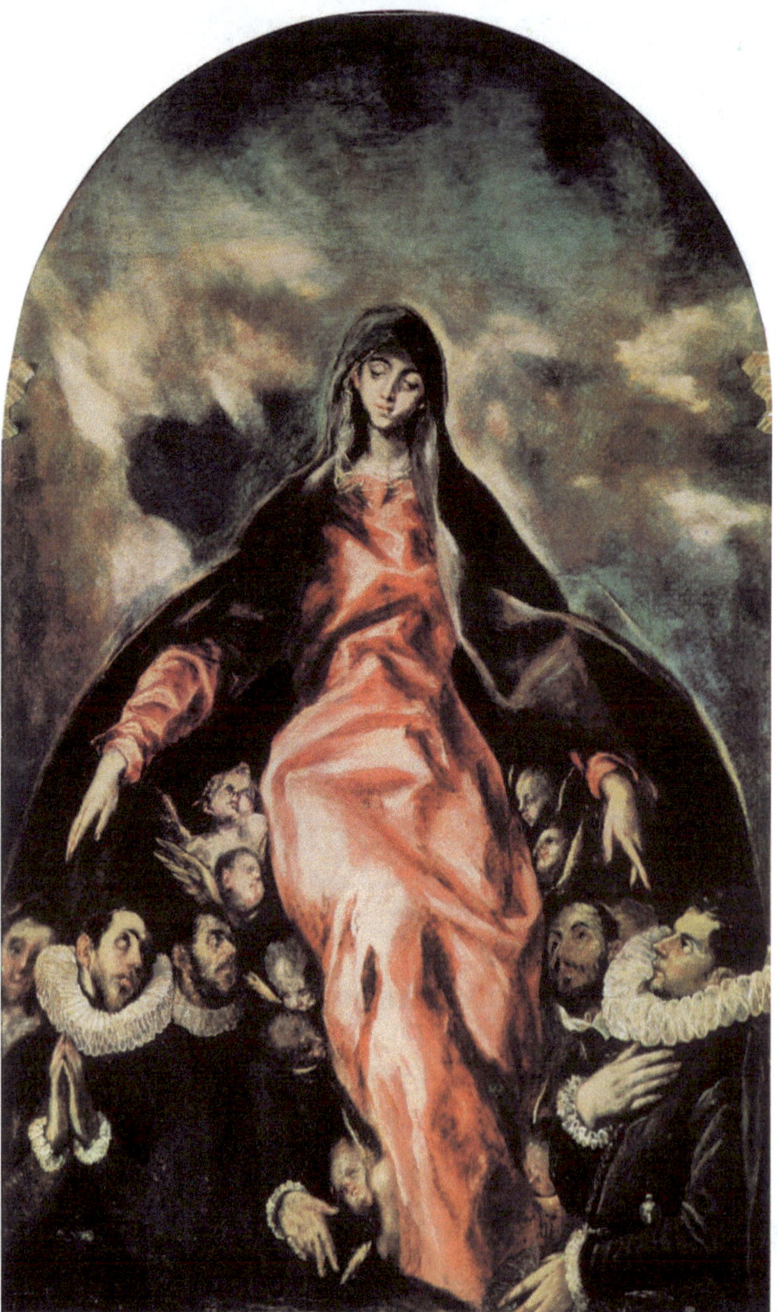

El Greco **Schutzmantelmadonna** um 1603-1605

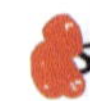

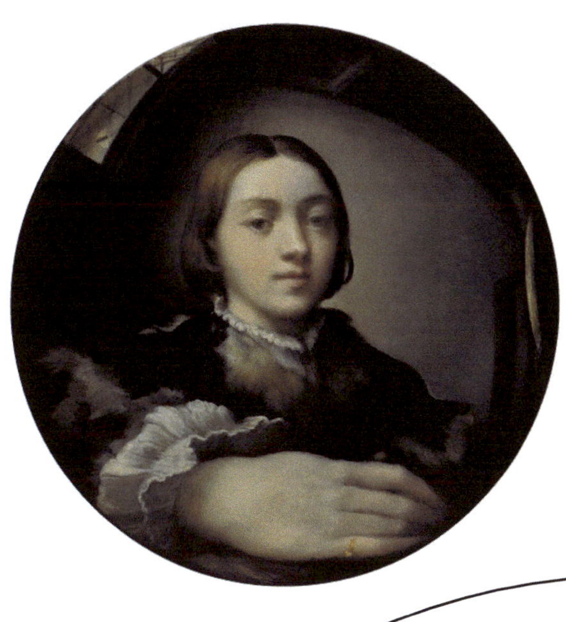

Selbstbildnis im Konvexspiegel malte um 1523 bis 1524 Parmigianino meisterhaft nicht auf eine platte Fläche, sondern auf eine hölzerne **Kugelkalotte**, ein Segment oder Abschnitt eines Kugelkörpers. Die Hand und der Raum sind dabei verzerrt.

Zeichne in den Kreis ein Porträt von dir mit der Verzerrung deines Armes, deiner Hand und des Raumes mit einem Bleistift. Achte auf feine Schraffuren. Benutze einen Spiegel, um dich genau abzubilden.

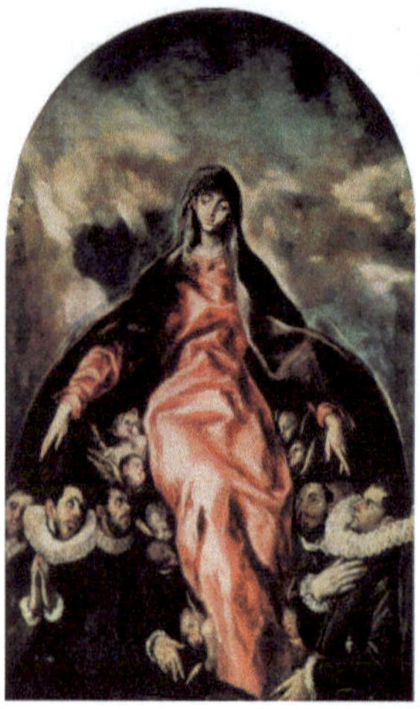

El Greco
Schutzmantelmadonna
um 1603-1605

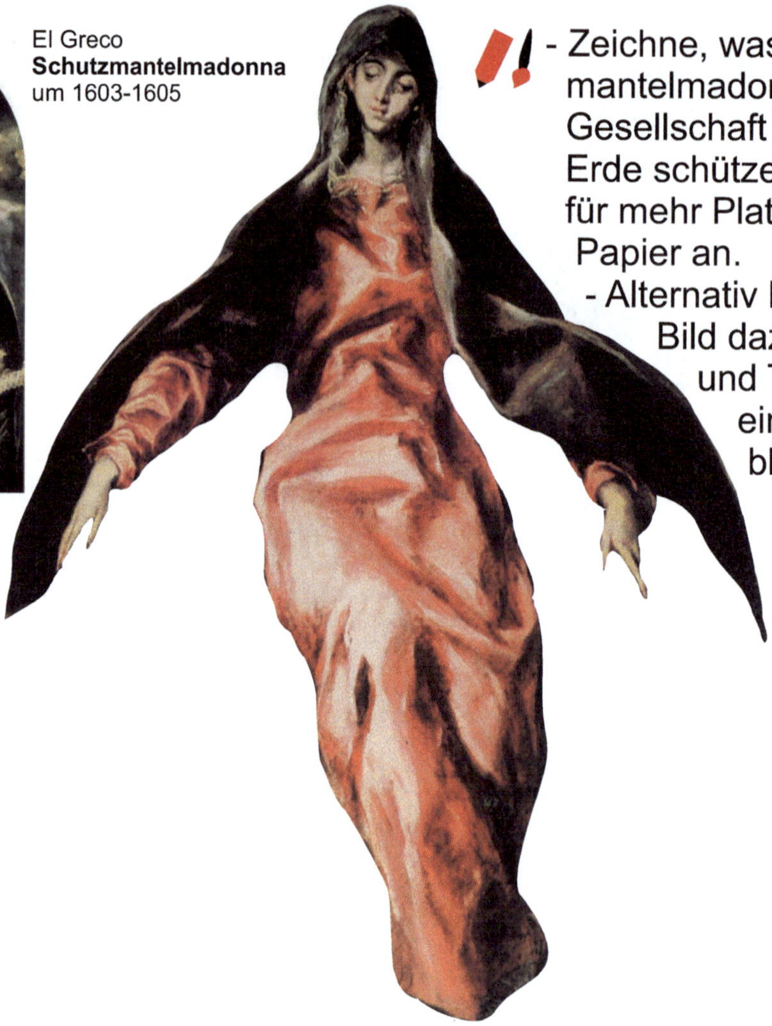

- Zeichne, was die Schutzmantelmadonna in unserer Gesellschaft oder auf unserer Erde schützen sollte. Klebe für mehr Platz unten ein Blatt Papier an.
- Alternativ kannst du ein Bild dazu mit Pinseln und Tuschfarben auf einem Zeichenblockblatt malen.

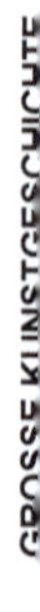

Barock

um 1600 bis 1700

i Der (das) Barock hat seinen Namen aus der portugiesischen Sprache von dem Wort **barucca/barocco**, das **schiefe, unregelmäßig gewachsene Perle** bedeutet. Die Epoche hatte ihren Ursprung in Rom und erfasste ab 1630 ganz Italien. Sie entwickelte sich aus der Renaissance. Zentren bildeten sich beispielsweise in Neapel, Piemont und Venedig. Bald wurden England, Spanien und auch Amerika erreicht. Gegen Ende des 17. Jahrhunderts wurde der Barock vorherrschender Stil bei den Habsburgern und entfaltete sich bis nach Osteuropa.
Aus dem **Frühbarock** (1600-1630) wurde der **Hochbarock** (1630-1700), der in die Epoche des **Rokokos** überging.
Zentralthemen sind der Triumph, die Erhabenheit, Lebensgefühle mit übersteigerter Fantasie und Bevorzugung besonderer Personen und Geschehnisse.
Die Hauptstilmerkmale sind starke, dynamische Bewegungsformen, Theatralik, Pathos, Überschwang, Farb- und Formmodulation, geschweifte, ovale und ellipsoide Formen, kräftige Farb-, Licht und Formkontraste, figürliche Ornamente, und Girlanden. In der Architektur sind klassische Elemente, korinthische Säulen, Kapitelle, Giebelfelder und vor- und zurücktretende Fassaden zu sehen.

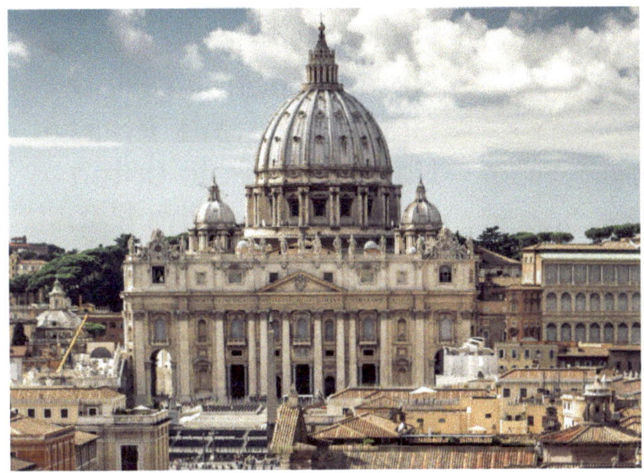

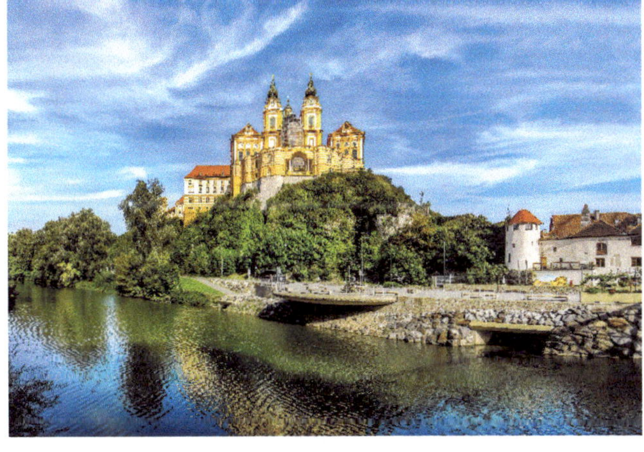

Michelangelo gab entscheidende Anstöße zur Entwicklung einer barocken Formensprache mit dem Entwurf der großen Kuppel für **St. Peter** in Rom (Foto oben links). Als das Gebäude unter Mitwirkung weiterer Architekten später fertiggestellt war, war es das größte Barockkunstwerk und die größte christliche Kirche.

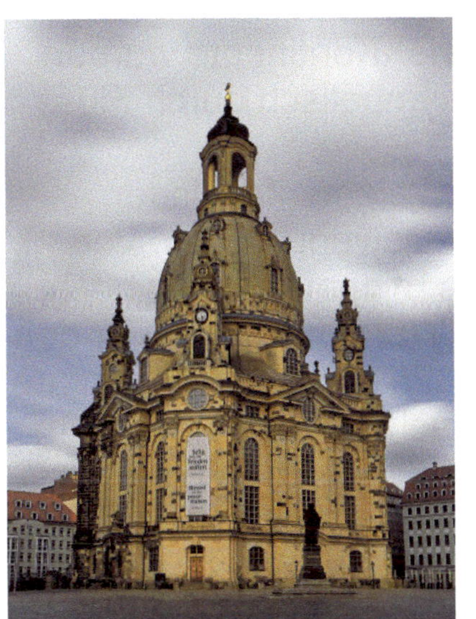

Viele Wallfahrtsstätten und Klosterbauten mit Wohn-, Gast- und Schulungsbereichen entstanden. Dazu gehörte das von 1702 bis 1746 von **Jakob Prandtauer** errichtete **Stift Melk** (Foto oben rechts) an der Donau. Erkennungszeichen war oft der Zwiebelturm. Im deutschsprachigen Raum wurde Dresden Zentrum sakraler Barockarchitektur. Die **Frauenkirche** (Foto unten links) ist ein Beispiel. Sie wurde von 1726 bis 1743 unter dem Architekten **George Bähr** gebaut.

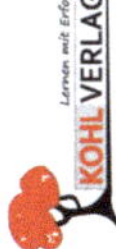

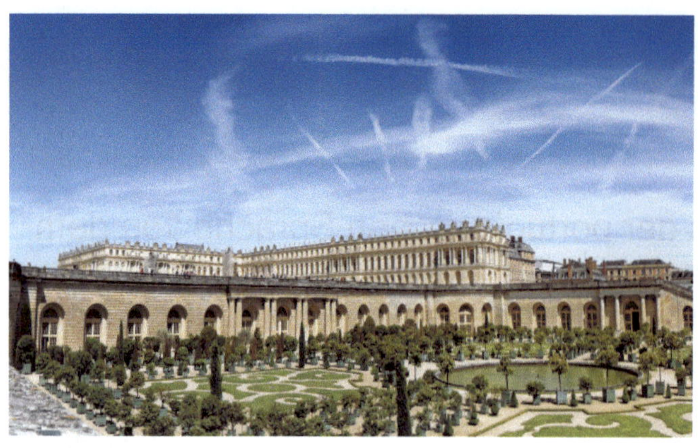

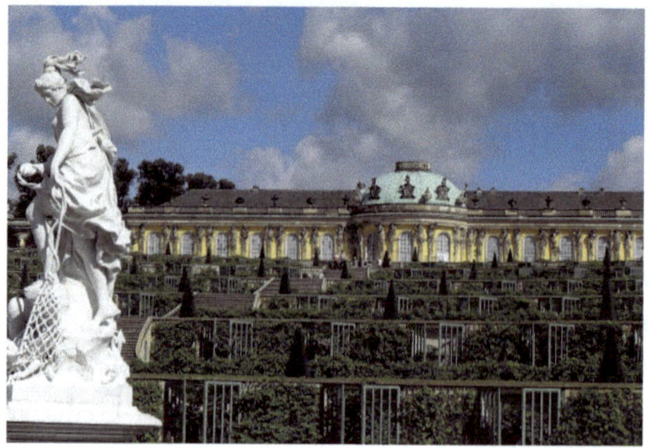

Schlösser, Paläste, Villen und bürgerliche Häuser wurden im Barockstil in ganz Europa errichtet.

Louis le Vau (1612-1670) arbeitete mit **Jules Hardouin-Mansart** (1646-1708) am größten Königspalast in Europa, **Schloss Versailles** (Foto oben links), von 1668 bis 1682. 30.000 Arbeiter wurden beschäftigt. **Ludwig XIV.** (1638-1715) wohnte dort mit seiner Familie und war von 7.000 Höflingen und 14.000 Dienern und Besuchern umgeben.

Angeregt durch den Bau ließ der Preußenkönig **Friedrich der Große** (1712-1786) das **Schloss Sanssouci** (Foto oben rechts) in Potsdam entwerfen.

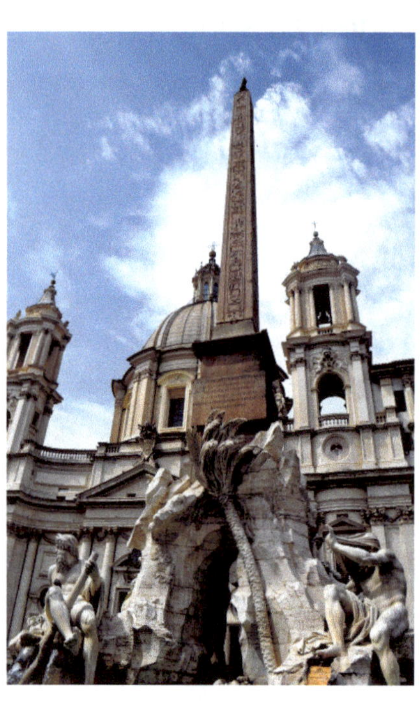

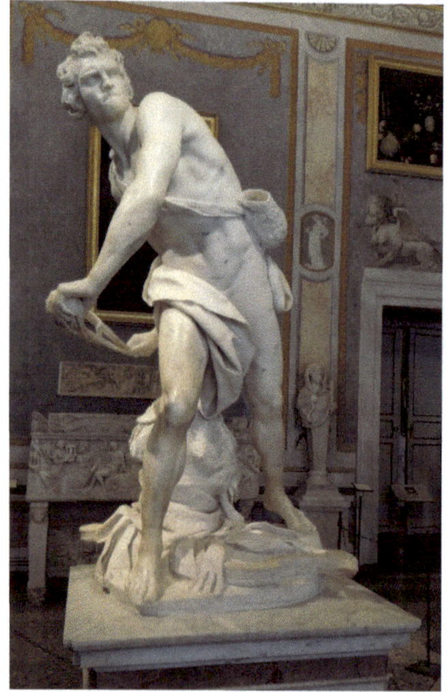

Auch auf öffentlichen Plätzen zeigten sich Barockelemente.

Roms schönster Platz ist die bekannte **Piazza Navonna** (Foto unten links). So ließ ihn Papst **Innozenz X.** (1574-1655) gestalten. Der berühmte Bildhauer, Maler und Architekt **Gian Lorenzo Bernini** (1598-1680) wurde 1651 mit dem Brunnen beauftragt. Die vier Hauptflüsse der vier Kontinente wurden symbolisch durch Fluss Götter, Tiere und Pflanzen dargestellt.

In den Skulpturen und Kleinplastiken spiegeln sich Barockelemente wieder. Berninis Skulpturen drücken Lebendigkeit, Dynamik und Bewegung aus. Von allen Seiten wirken sie gleich dynamisch. Er, Sohn eines Bildhauers, war hoch talentiert und erhielt Aufträge von Päpsten und anderen Würdenträgern. Für den Kardinal **Scipione Borghese** fertigte er von 1618 bis 1625 vier große Skulpturen aus Marmor. Der 1623 geschaffene **David** (Foto unten rechts), der gerade zum Wurf mit der Steinschleuder ausholt, gehörte dazu. Feinheiten in den Gesichtszügen, am Körper, an der Kleidung und beigegebenen Gegenständen waren ihm wichtig.

Weitere bekannte Bildhauer waren in Italien **Alessandro Algardi** (1598-1654),

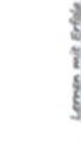

in Frankreich **Antoine Coysevox** (1640-1720) und in Spanien **Juan Martinez Montanés** (1568-1649).

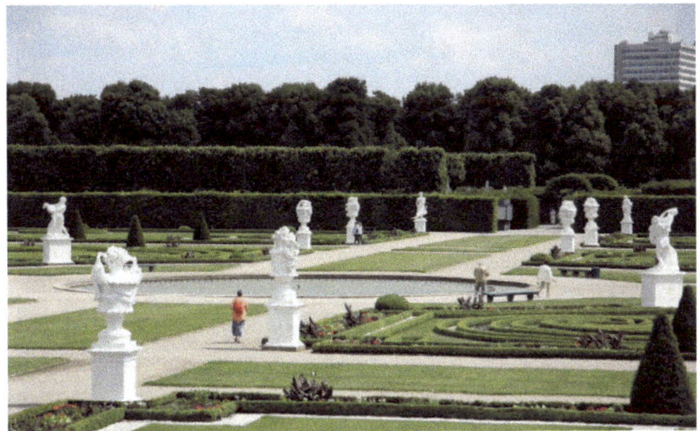

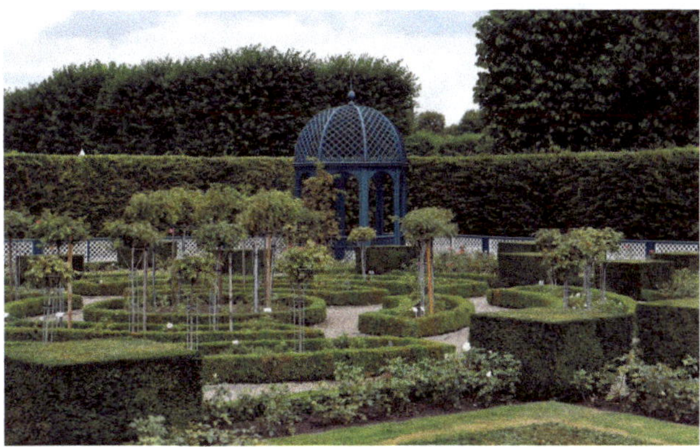

Neben vielen Bauten gab es Barockgärten, die mit Beeten in gewundener und eckiger Anordnung, Brunnen mit Plastiken und Skulpturen ausgestattet waren. Die **Herrenhäuser Gärten** (Fotos) in Hannover zeugen von der Epoche.

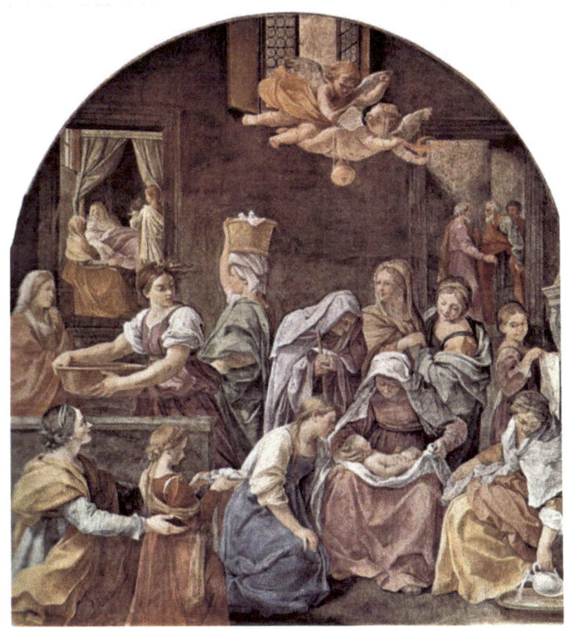

Guido Reni **Maria Geburt**, Szene (Fresko im Palazzo Quirinale, Cappella dell'Annunciata, Eingangswand) 1609–1611

Die Barockmalerei umfasste die Fresko- und Tafelmalerei. Zu den Themen gehörten beispielsweise christliche Szenen, Historien, Szenen am Hof, Landschaftspanoramen, Porträts und Stillleben.

In den Freskos und auch Radierungen von **Guido Reni** (1575-11642) ist eine thematische Vielfalt zu sehen.

Michelangelo da Carravagio (1571-1610), ein Schüler Tizians, wirkte hauptsächlich in Rom und Neapel. Kennzeichnend für viele seiner Bilder ist die raffinierte Perspektive und der spannende Kontrast zwischen Licht und Schatten.

In den Niederlanden gehörten zu den bekannten Künstlern **Rembrandt** (1606-1669) und **Peter Paul Rubens** (1577-1640). Herausragend waren die spanischen Künstler **Francisco de Zurbarán** (1598-1664) und **Diego Velázquez** (1599-1660). Die französischen sind die Maler **Nicolas Poussin** (1594-1665) und **Claude Lorrain** (1600-1682). Beide widmeten sich dem Landschaftsthema. Im deutschen Raum war **Adam Elsheimer** (1578-1610) der bedeutendste Vertreter der Barockmalerei, die durch den Dreißigjährigen Krieg beeinträchtigt war.

- Definiere den Begriff **Barock**.
- Von welcher Stadt nahm die Epoche ihren Ausgang?
- Beschreibe ihre wesentlichen Merkmale.
- Welches ist das berühmteste und aufwendigste Barockschloss?
- Finde im Internet weitere Bauwerke und zähle sie auf.
- Welche bekannte Skulptur schuf Bernini 1623? Was stellt sie dar?
- Zähle Künstler auf, die in Italien, Frankreich, Spanien und Deutschland wirkten.

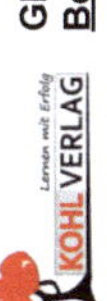

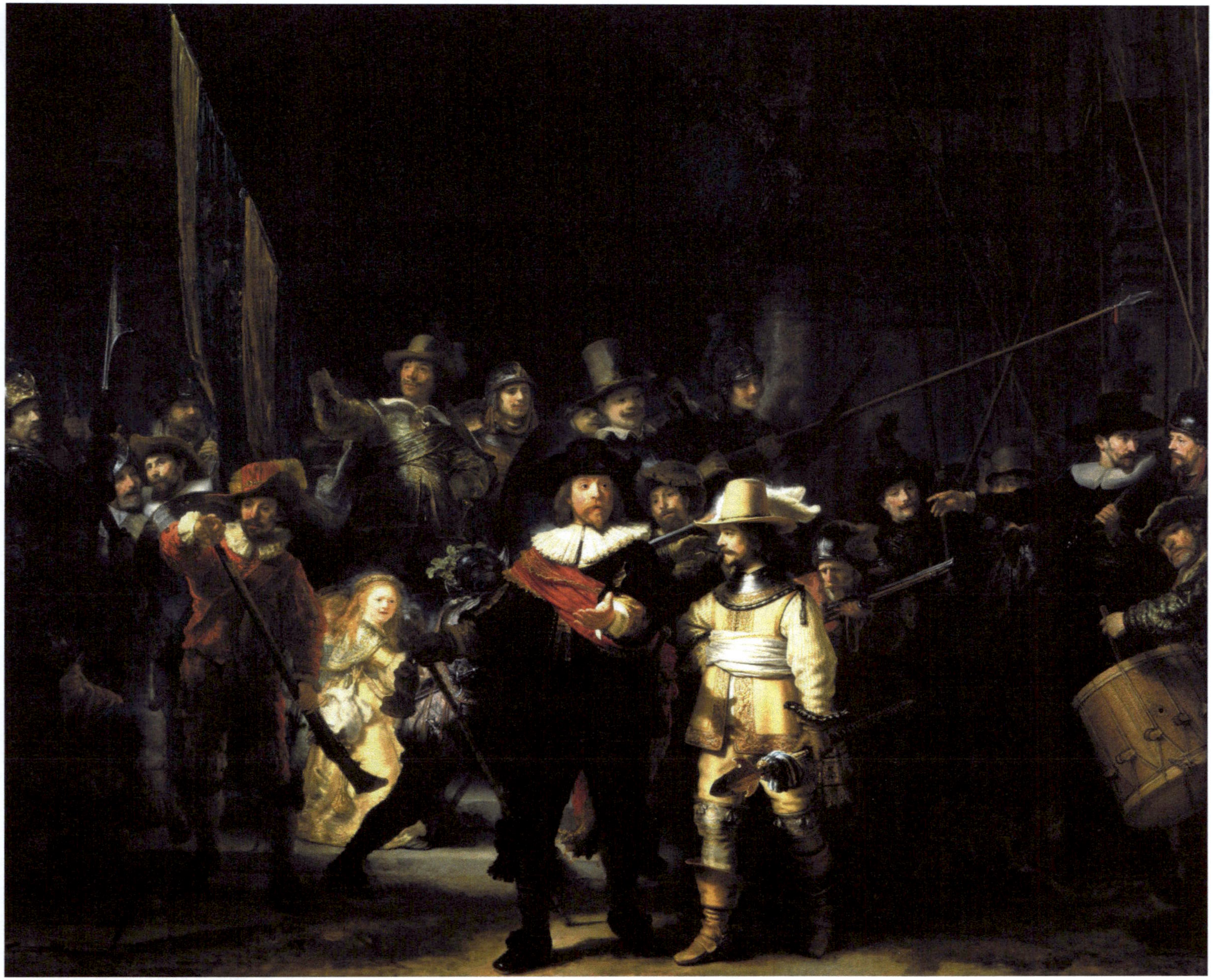

Rembrandt **Die Nachtwache** 1642

Rembrandt schuf sein weltberühmtes vielfiguriges Nachtbild mit den für ihn typischen Helldunkeleffekten. Es hat die Maße 3,63 m und 4,37 m. Er zeigt den Moment, in dem die Kompanie den Befehl zum Marsch erhält.

Finde das Mädchen mit dem Federvieh und den Mann.

Male ihn an.

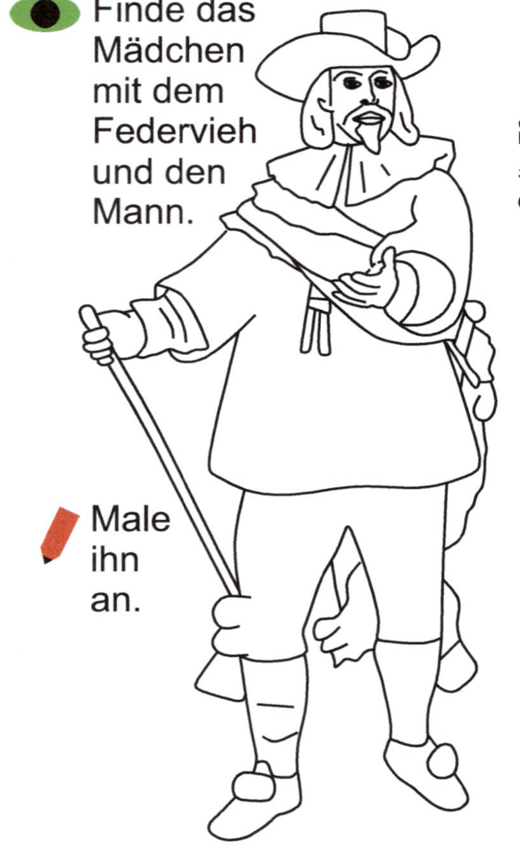

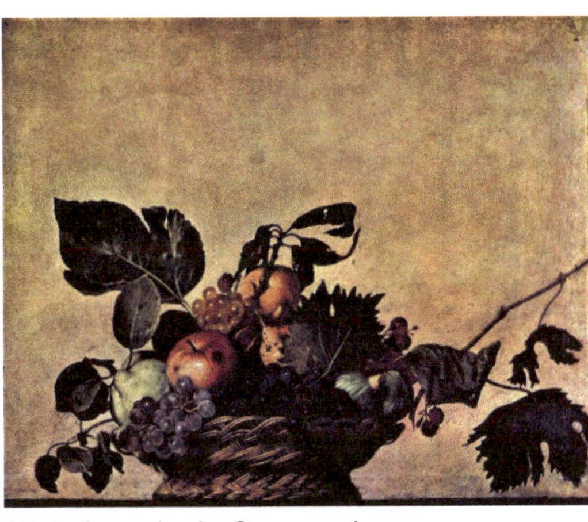

Michelangelo da Carravagio
Der Fruchtkorb 1596

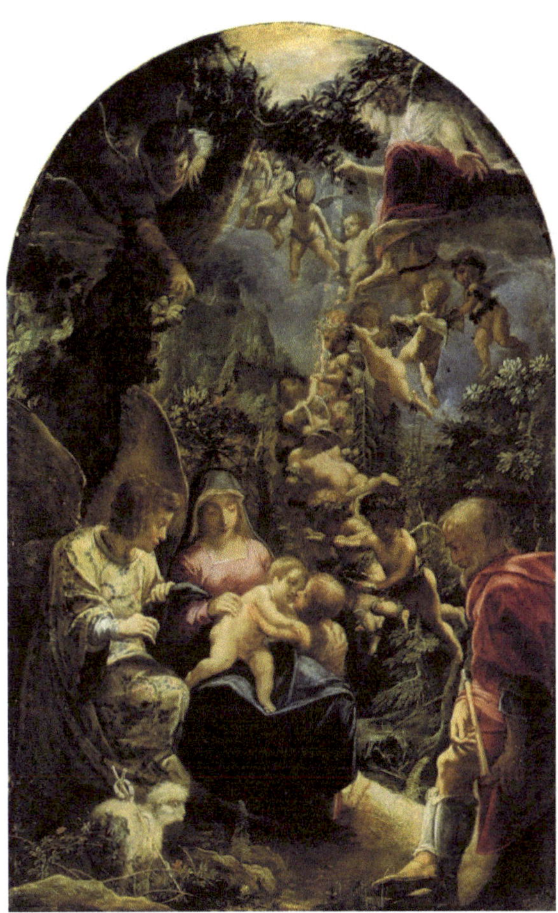

Adam Elsheimer
Die heilige Familie mit Engeln 1600

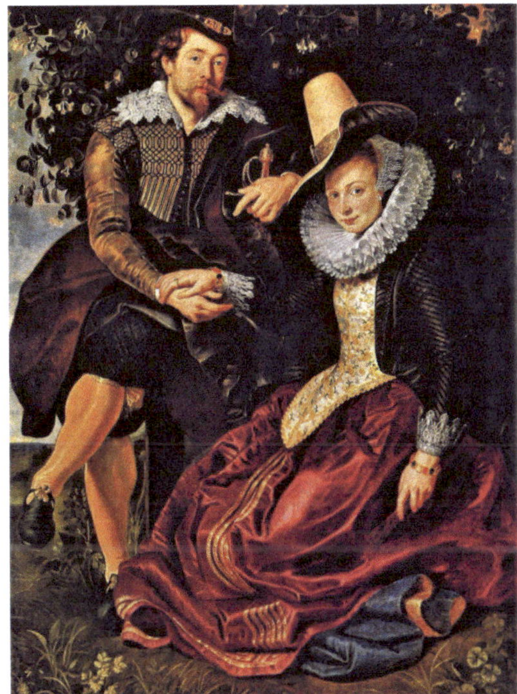

Peter Paul Rubens **Rubens und Isabella Brant in der Geißblattlaube** 1609-1610

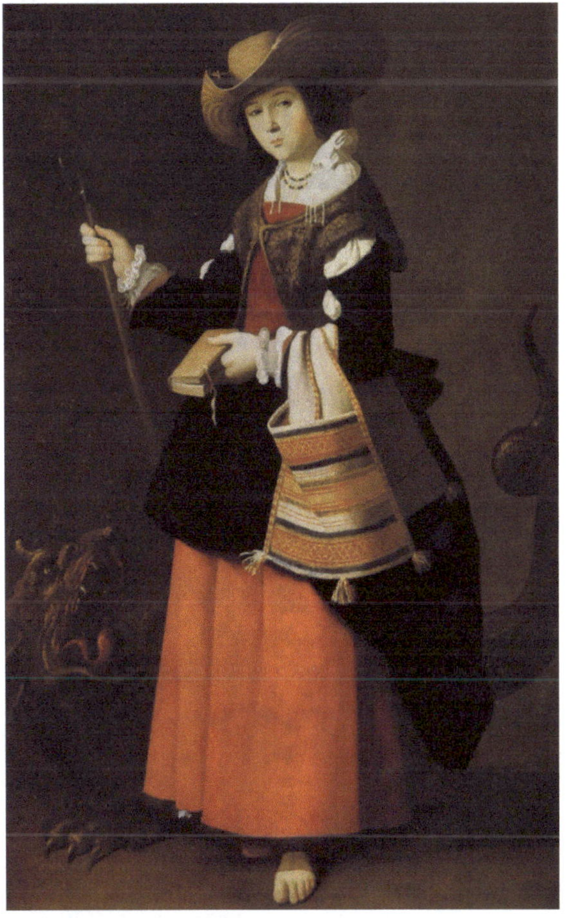

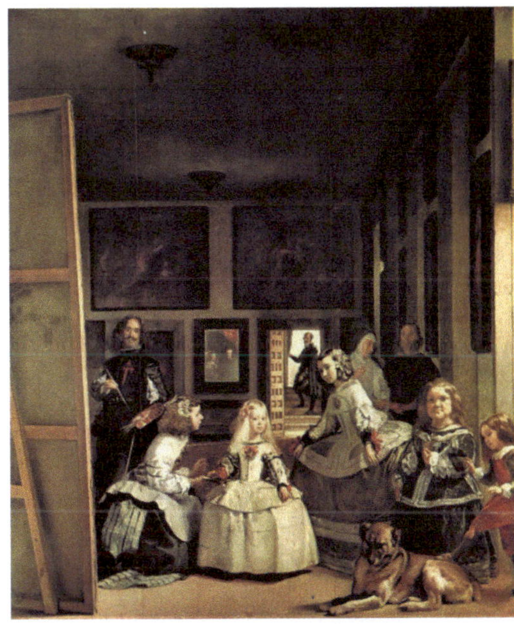

Diego Velázquez **Las Meninias** 1656-1657

Francisco de Zurbarán
Heilige Margareta um 1631

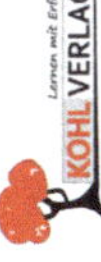

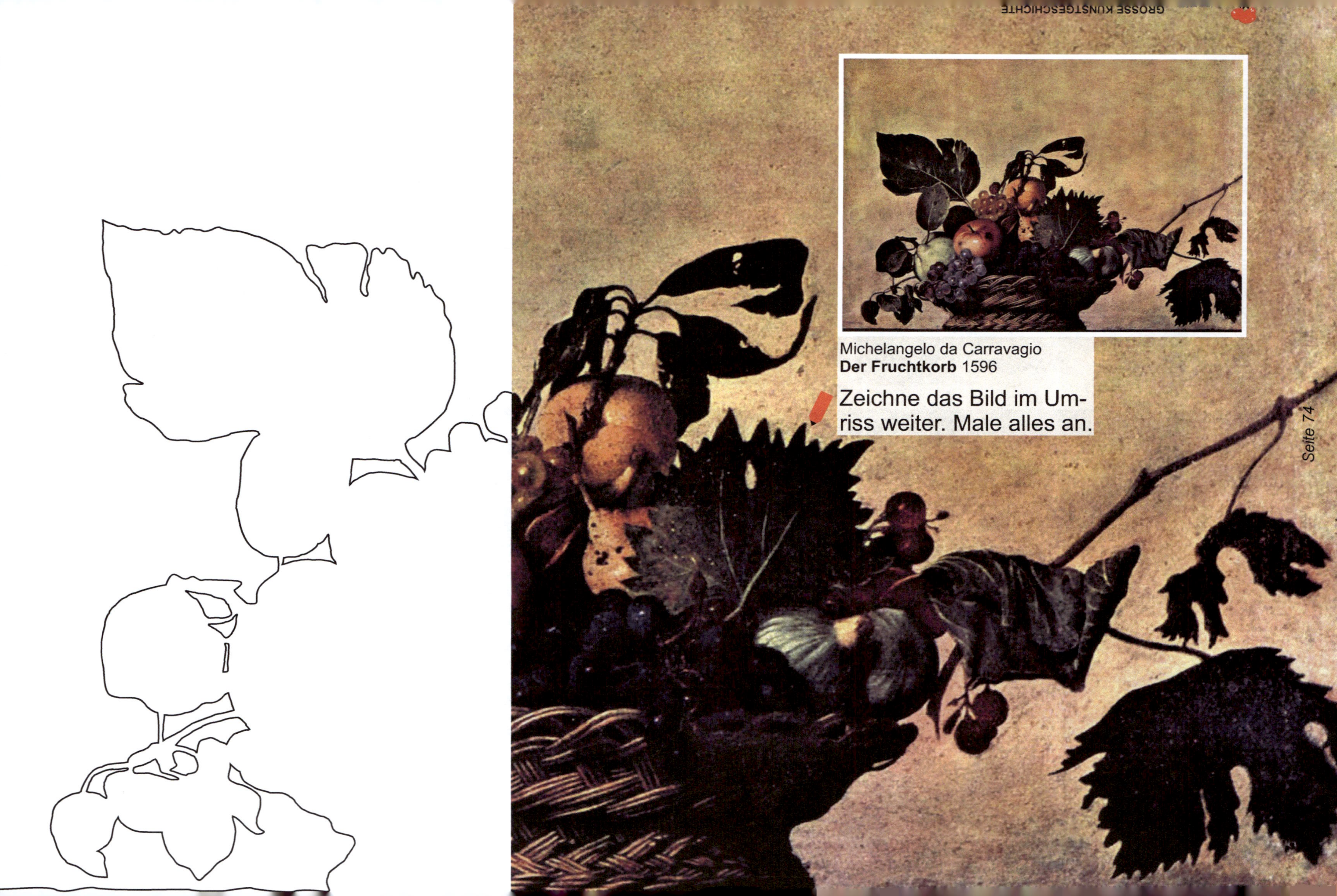

Michelangelo da Carravagio
Der Fruchtkorb 1596

Zeichne das Bild im Umriss weiter. Male alles an.

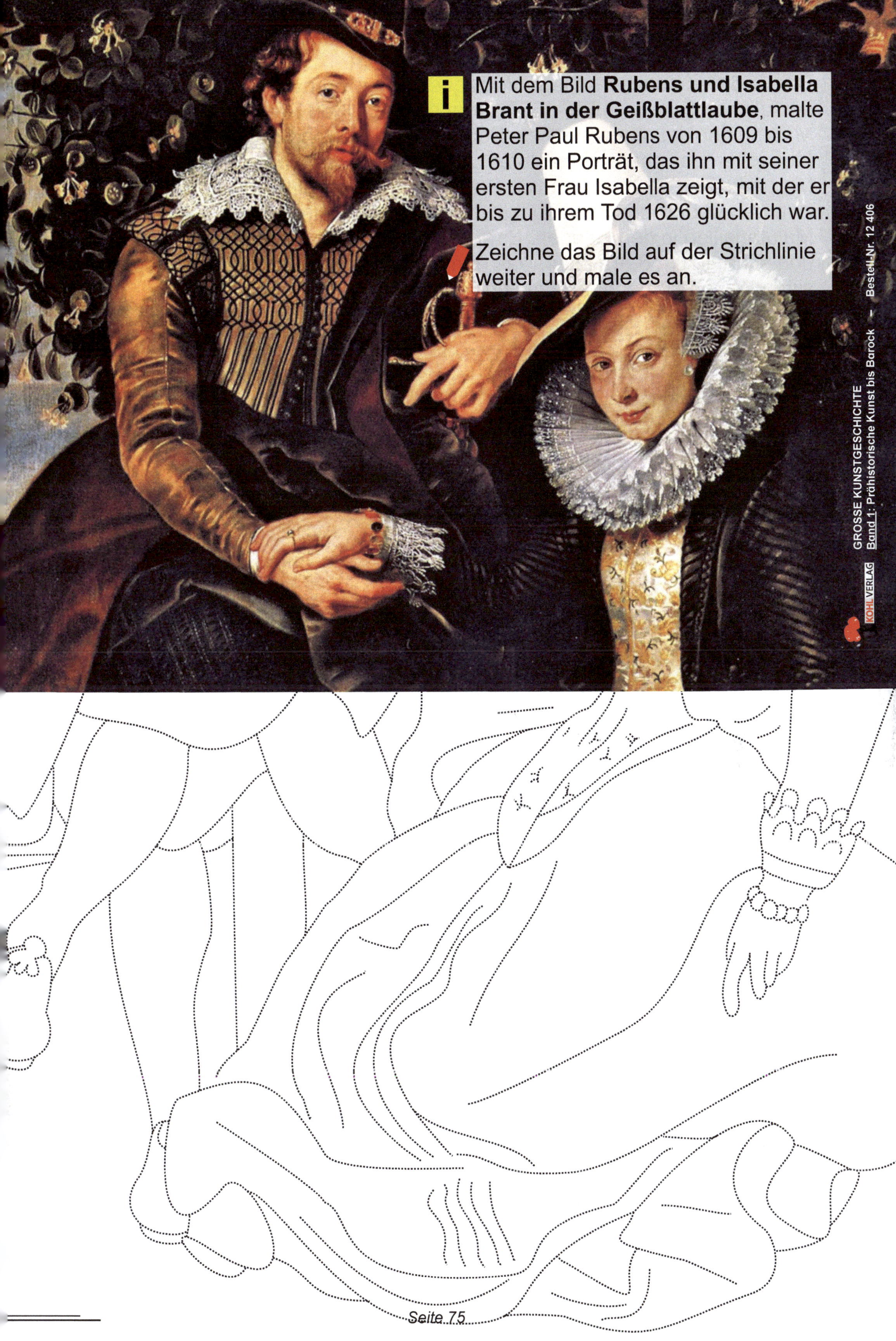

Mit dem Bild **Rubens und Isabella Brant in der Geißblattlaube**, malte Peter Paul Rubens von 1609 bis 1610 ein Porträt, das ihn mit seiner ersten Frau Isabella zeigt, mit der er bis zu ihrem Tod 1626 glücklich war.

Zeichne das Bild auf der Strichlinie weiter und male es an.

GROSSE KUNSTGESCHICHTE
Band 1: Prähistorische Kunst bis Barock – Bestell-Nr. 12 406
KOHL VERLAG

Das Bild des Künstlers Diego Velázquez **Las Meninas** (Selbstporträt mit der königlichen Familie, 1656-1657) zeigt einen großen Raum des Alcázar von Madrid, der Hauptresidenz von König Philipp IV. von Spanien. Hier siehst du Menschen des spanischen Hofes. Zentral steht die fünfjährige Königstochter Margarita und ist umgeben von einem Hoffräulein, einem Wächter, zwei Hofzwergen und einem Hund. Links von der Gruppe steht Diego Velázquez mit Malutensilien in den Händen. Er arbeitet gerade an einer großen Leinwand und schaut zum Betrachter. Was er malt, bleibt offen. In dem Wandspiegel sind die Oberkörper von König und Königin zu sehen.

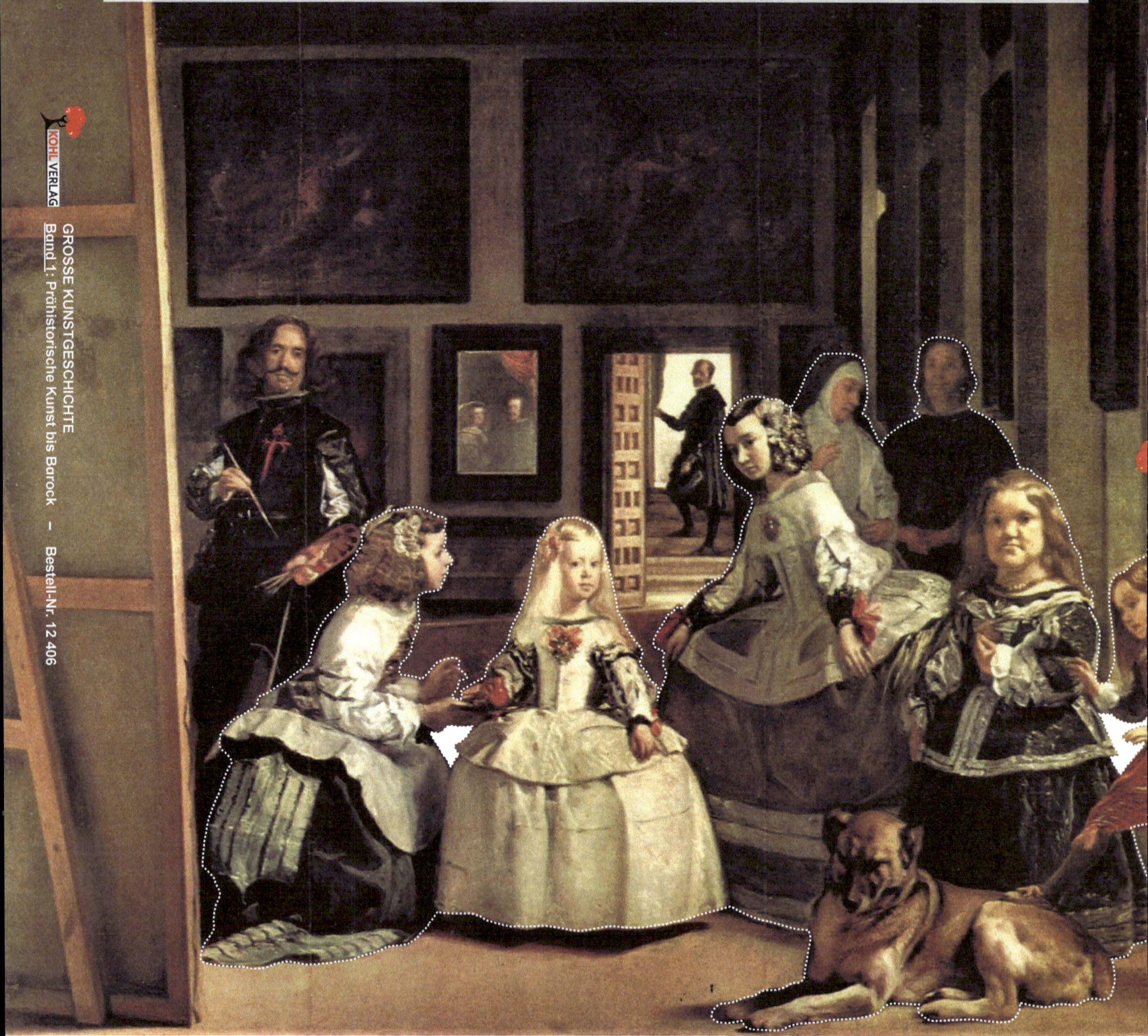

KOHL VERLAG GROSSE KUNSTGESCHICHTE Band 1: Prähistorische Kunst bis Barock – Bestell-Nr. 12 406

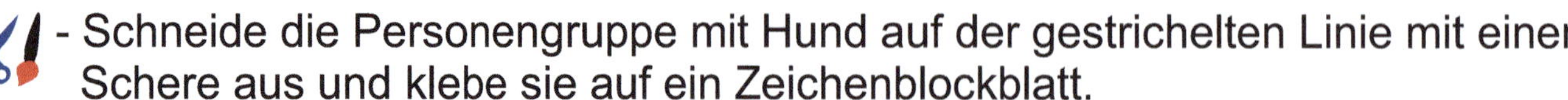

- Schneide die Personengruppe mit Hund auf der gestrichelten Linie mit einer Schere aus und klebe sie auf ein Zeichenblockblatt.
- Überlege dir dazu eine Umgebung aus der Gegenwart und male sie.
- Vergleiche dein fertiges Bild mit dem Gemälde des Künstlers und beschreibe die Wirkung beider Werke.

Epochen

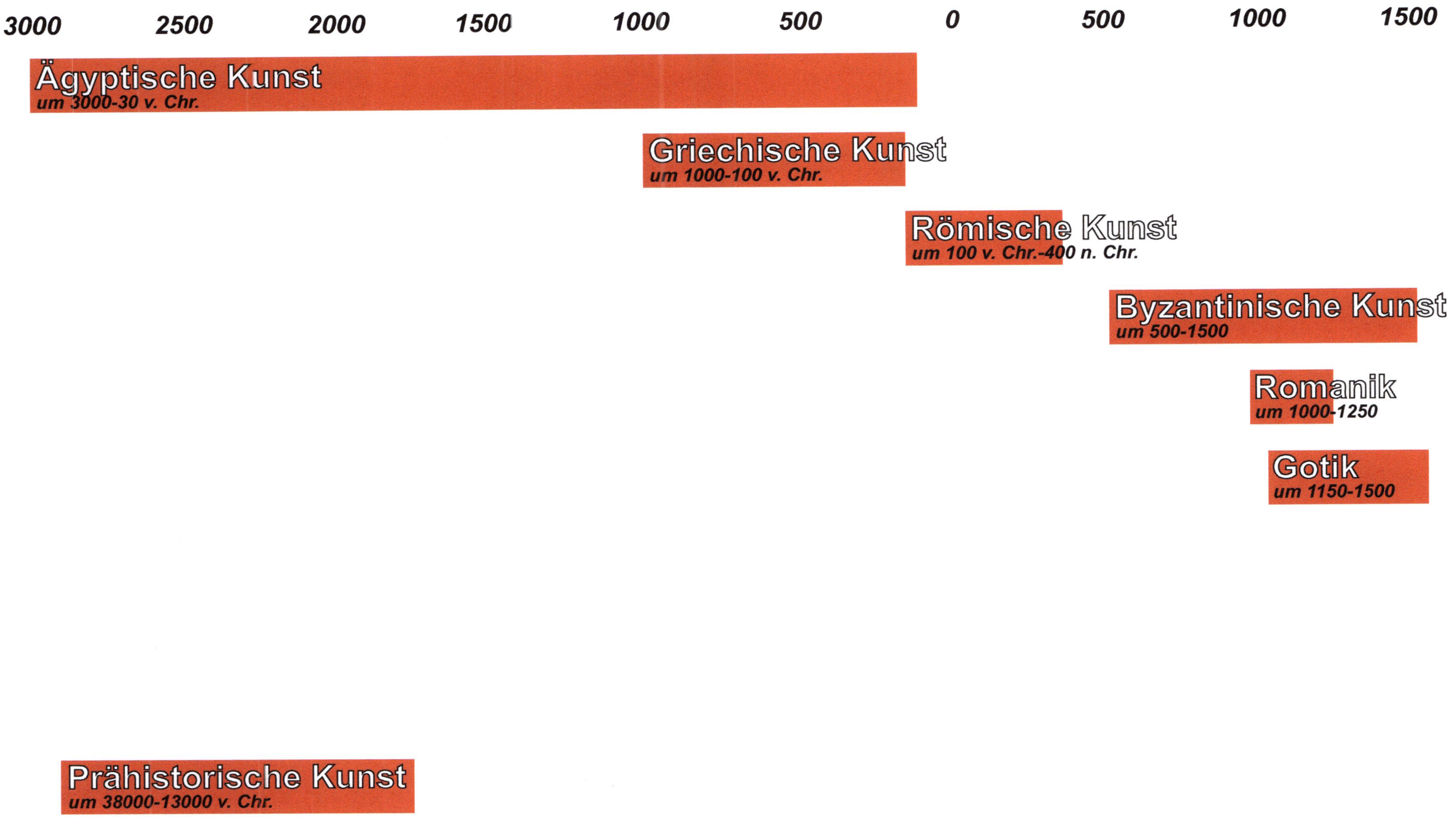

3000 | 2500 | 2000 | 1500 | 1000 | 500 | 0 | 500 | 1000 | 1500

Ägyptische Kunst
um 3000-30 v. Chr.

Griechische Kunst
um 1000-100 v. Chr.

Römische Kunst
um 100 v. Chr.-400 n. Chr.

Byzantinische Kunst
um 500-1500

Romanik
um 1000-1250

Gotik
um 1150-1500

Prähistorische Kunst
um 38000-13000 v. Chr.

Epochen

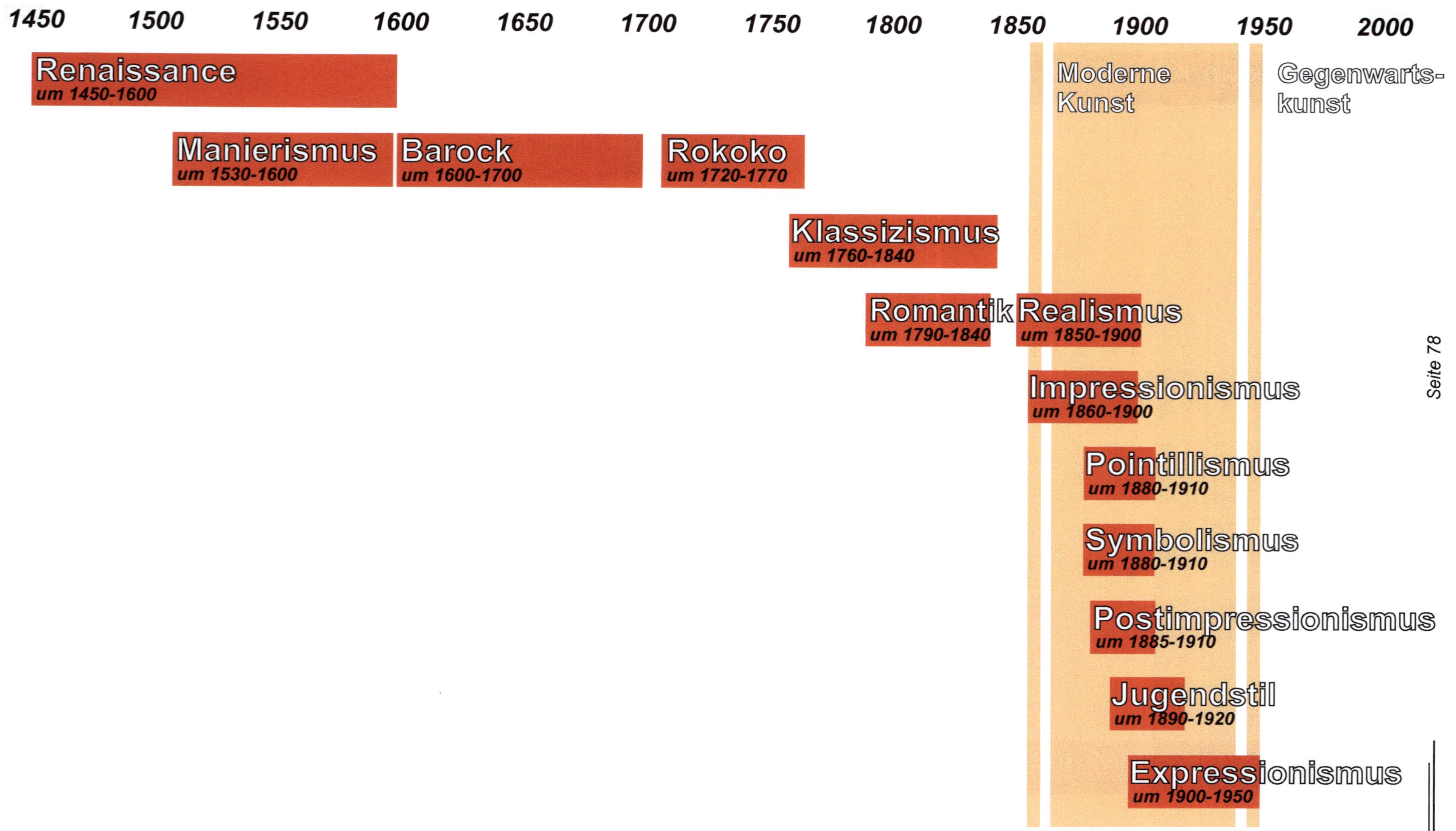

1450 | 1500 | 1550 | 1600 | 1650 | 1700 | 1750 | 1800 | 1850 | 1900 | 1950 | 2000

Renaissance
um 1450-1600

Manierismus
um 1530-1600

Barock
um 1600-1700

Rokoko
um 1720-1770

Klassizismus
um 1760-1840

Romantik
um 1790-1840

Moderne Kunst

Realismus
um 1850-1900

Impressionismus
um 1860-1900

Pointillismus
um 1880-1910

Symbolismus
um 1880-1910

Postimpressionismus
um 1885-1910

Jugendstil
um 1890-1920

Expressionismus
um 1900-1950

Gegenwarts-kunst

Empfehlungen

Zur kompetenten Erweiterung und Vertiefung von kunstgeschichtlichen Themen in der modernen Unterrichtspraxis zu **Große Kunstgeschichte** werden folgende Bücher und Materialien von Eckhard Berger aus dem **Kohl-Verlag** empfohlen.

Kunstgeschichte:
Künstler in die Klassen, Band 1, 2 und 3
Kunstwerke für Schulen, Band 1, 2 und 3
Moderne Kunst, Band 1, 2 und 3
Internationale Gegenwartskunst
Kunstgeschichte für Kinder
Logikrätsel Kunst, Band 1 und 2
Kreuzworträtsel Kunst
Der große Kunstquizzer
Raum & Perspektive
Epochen:
Die Kunstepoche Realismus
Die Kunstepoche Impressionismus
Die Kunstepoche Expressionismus
Künstler:
Vincent van Gogh - Anmalen und weitergestalten
Claude Monet - Anmalen und weitergestalten
August Macke - Anmalen und weitergestalten
Paul Cézanne - Anmalen und weitergestalten
Jean-François Millet - Anmalen und weitergestalten
Henri Rousseau - Anmalen und weitergestalten
Caspar David Friedrich - Anmalen und weitergestalten
Gustav Klimt - Anmalen und weitergestalten
Der Blaue Reiter - Anmalen und weitergestalten
Paula Modersohn-Becker - Anmalen und weitergestalten
Pieter Bruegel - Anmalen und weitergestalten
Paul Gauguin - Anmalen und weitergestalten
Albrecht Dürer - Anmalen und weitergestalten
Rembrandt - Anmalen und weitergestalten
Leonardo da Vinci - Anmalen und weitergestalten
Edgar Degas - Anmalen und weitergestalten
Henri de Toulouse-Lautrec - Anmalen und weitergestalten
Jan Vermeer - Anmalen und weitergestalten
Peter Paul Rubens - Anmalen und weitergestalten
Georges Seurat - Anmalen und weitergestalten
Franz Marc - Anmalen und weitergestalten
Gustave Courbet - Anmalen und weitergestalten
Pieter Bruegel - Anmalen und weitergestalten
Vincent van Gogh - Anmalen und weitergestalten
Édouard Manet - Anmalen und weitergestalten

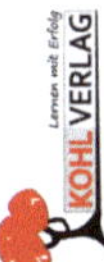

Autor

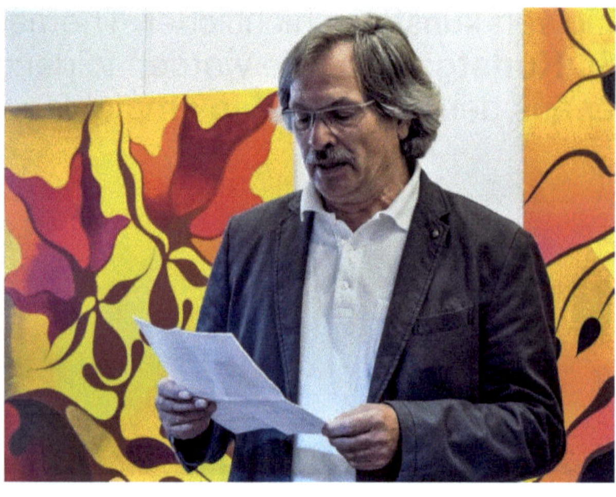

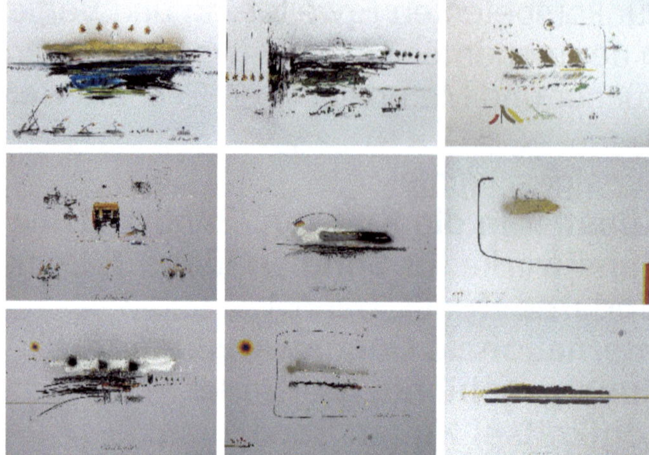

www.teamberger.de teamberger@web.de

Eckhard Berger

Autor, Künstler, Designer, Kunsthistoriker und Kunstreferent

- Geboren am 06.06.1951
- wohnt und arbeitet in Brake/Unterweser
- Kunst-, Pädagogik-, Psychologie- und Soziologiestudium, Universität Oldenburg
- Seit 1987 internationale Kunstausstellungen, Events und Kooperationen mit Künstlern, Galerien und Kulturinstitutionen
- Moderne Grafik, Skulpturen, Kunstkonzepte, Schmuck- und Möbeldesign
- Design der Freizeitmodekollektion ***Segelimagination*** (www.redbubble.com)
- Werke im privaten und öffentlichen Besitz
- Grafikeditionen für Liebhaber und Sammler
- Gründung der Aktion ***Kunst hilft****, Bilderspenden für wohltätige Organisationen und Hilfs- und Umweltprojekte*
- Innovative Förderkonzepte für Kinder und Jugendliche
- Autor von neuartigen Praxisbüchern für den modernen Kunstunterricht in Deutschland, Österreich und der Schweiz, andere Fachbereiche (Psychologie, Wahrnehmung, Kreativität und Ernährung) und für die Freizeit
- Kooperation und gemeinsame Bücher und Publikationen mit der Autorin Barbara Berger
- Vorträge zu populären Pädagogik-, Psychologie-, Kunst-, Kunstpädagogik-, Kunstgeschichts- und Kreativitätsthemen

Über 100 Bücher und Publikationen im Kohl-Verlag verfügbar, u.a.

Farbtopf (Vorschule, GS)
Konzentrieren können (Vorschule, GS)
Zeichnen können, 4 Bände (Vorschule, GS)
Schwungübungen (Vorschule, GS)
Bunte Farbe (GS)
Kunstwerke für Schulen, 3 Bände (GS)
Kunst fachfremd unterrichten (GS)
Entspannungsmalen (GS)
Kunst in Kürze (GS)
Buchstaben- und Zahlengeschichten (GS)
Zahlen (GS)
Buchstaben (GS)
Kinder fit fördern, 3 Bände (GS)
Kinderkunstland (GS)
Bildstarke Geschichten (GS)
Emmas Kunstentdeckungen, 2 Bände (GS)
Kunst in 3 Niveaustufen (GS)
Anmalen & Weitergestalten für kleine Künstler (GS)
Freies Kreativzeichnen (GS)
Kunstwerke entdecken und anmalen (GS)
Kompetenzförderung Rätseln, zeichnen & anmalen (GS)
Kompetenzförderung Geschichten lesen, zeichnen & anmalen (GS)
Kompetenzförderung Wahrnehmen, sich konzentrieren, zeichnen & anmalen (GS)
Kunstbonbons, 5 Bände (GS)
Kreatives Gedächtnistraining (GS)

Kunstgeschichte für Kinder (GS, SEK)
Vincent van Gogh - Anmalen und weitergestalten, Schulmalbuch, 25 Bände mit Claude Monet, August Macke, Pierre-Auguste Renoir, Paul Cézanne, Jean-François Millet, Henri Rousseau, Caspar David Friedrich, Gustav Klimt, Der Blaue Reiter, Paula Modersohn-Becker, Édouard Manet, Pieter Bruegel, Paul Gauguin, Albrecht Dürer, Rembrandt, Edgar Degas, Leonardo da Vinci, Henri de Toulouse-Lautrec, Jan Vermeer, Franz Marc, Peter Paul Rubens, Georges Seurat, Gustave Courbet, Pieter Bruegel, (GS, SEK)

Superleckere Smoothies, 2 Bände (GS, SEK)
Superleckere Smoothies und Shakes (GS, SEK)

Farbe - Komplette Theorie im modernen Kunstunterricht (SEK)
Design - Moderner Kunstunterricht in der Sekundarstufe (SEK)
Moderne Kunst, 3 Bände (SEK)
Künstler in die Klassen, 3 Bände (SEK)
Kunstwerke für Schulen, 3 Bände (SEK)
Kunst in Kürze (SEK)
Kunstauge (SEK)
Kunst COOL, (SEK)
Kunsttipp & Co, 3 Bände, (SEK)
Kunstknaller, 2 Bände (SEK)
Logikrätsel Kunst, 2 Bände (SEK)
Kreuzworträtsel Kunst (SEK)
Emmas Kunstentdeckungen (SEK)
Wir werden Kunstprofi, 2 Bände (SEK)
Kunst fachfremd unterrichten (SEK)
Entspannungsmalen, 2 Bände (SEK)
Internationale Gegenwartskunst (SEK)
Kunst in 3 Niveaustufen (SEK)
Freies Kreativzeichnen (SEK)
Raum und Perspektive (SEK)
Die Kunstepoche Impressionismus (SEK)
Die Kunstepoche Expressionismus (SEK)
Die Kunstepoche Realismus (SEK)
Kreatives Gedächtnistraining (SEK)
Große Kunstgeschichte, 2 Bände (SEK)
Kunstquizzer (SEK)
Moderne Kunst, 3 Bände (SEK)
Kunstthema Landschaft (SEK)
Kunstthema Alltag (SEK)
Kunstthema Porträt (SEK)
Kunstthema Stillleben (SEK)
)lücksmalen (ab 12 J.)
Wohlfühlmalen (ab 12 J.)